青少年走近领袖人物丛书 >>>

# 马克思的故事

罗范懿◎著

江西人民出版社
Jiangxi People's Publishing House
全国百佳出版社

**图书在版编目（CIP）数据**

马克思的故事 / 罗范懿著 . — 南昌：江西人民出版社，
2023.1

（青少年走近领袖人物丛书）

ISBN 978-7-210-14368-0

Ⅰ . ①马… Ⅱ . ①罗… Ⅲ . ①马克思（Marx, Karl 1818—
1883）—生平事迹—青少年读物 Ⅳ . ① A712-49

中国版本图书馆 CIP 数据核字（2022）第 243390 号

## 马克思的故事

MAKESI DE GUSHI

罗范懿　著

策　　　划：王一木
责 任 编 辑：李旭萍
装 帧 设 计：马范如

江西人民出版社
Jiangxi People's Publishing House
全 国 百 佳 出 版 社　　出版发行

地　　　址：江西省南昌市三经路 47 号附 1 号（330006）
网　　　址：www.jxpph.com
电 子 信 箱：jxpph@tom.com
编辑部电话：0791-86899133
发行部电话：0791-86898815
承 印　厂：江西润达印务有限公司
经　　　销：各地新华书店

开　　　本：787 毫米 ×1092 毫米　1/16
印　　　张：13.25
字　　　数：170 千字
版　　　次：2023 年 1 月第 1 版
印　　　次：2023 年 1 月第 1 次印刷
书　　　号：ISBN 978-7-210-14368-0
定　　　价：30.00 元
赣版权登字 -01-2023-16

# 前言

————

为深入学习贯彻落实习近平新时代中国特色社会主义思想、党的二十大精神，引导青少年践行社会主义核心价值观，帮助广大青少年树立正确的历史观、民族观、国家观和文化观，为他们打好精神底色，扣好人生第一粒扣子，江西人民出版社精心策划、隆重推出了主题阅读图书"青少年走近领袖人物"丛书，旨在让青少年通过阅读领袖人物的故事，树立爱领袖、爱祖国、爱社会主义的理念和感情，成为担当民族复兴大任的时代新人。

"青少年走近领袖人物"丛书包括《马克思的故事》《恩格斯的故事》《列宁的故事》《毛泽东的故事》《周恩来的故事》《刘少奇的故事》《朱德的故事》《邓小平的故事》《陈云的故事》共9册，选取领袖人物成长经历和革命生涯的感人故事，以小见大地向广大青少年介绍了他们的坚定信仰、高超智慧、深邃思想、乐观精神、伟岸人格和心系人民的伟人情怀。

这套丛书在语言风格和叙述方式方面，努力贴近青少年的阅读习惯及接受能力，力求以生动形象的小故事作为切入点，由浅入深地讲大道理，深刻而不失亲切，严谨而不乏生动，为读者呈现了一个个饱满生动的领袖人物形象。在版式设计上，注重舒朗大气，强化视觉冲击，以增强可读性、趣味性。此外，作者精心研究了各领袖人物的权威文献资料，注重选材精、形式活、事例美，意在完整、准确、生动地再现伟大领袖的本来面貌。总之，"青少年走近领袖人物"丛书主题突出、特色鲜明，兼具历史研究价值和文学艺术价值，是青少年革命传统教育和爱国主义教育读本，对世人理解、认识和学习领袖人物大有裨益。

少年强则国强，少年进步则国进步。当代中国青少年，既是实现第一个百年奋斗目标的经历者、见证者，更是实现第二个百年奋斗目标、建设社会主义现代化强国的生力军，赶上了大有可为、大有作为的美好时代。习近平总书记说："明天的中国，希望寄予青年。青年兴则国家兴，中国发展要靠广大青年挺膺担当。年轻充满朝气，青春孕育希望。广大青年要厚植家国情怀、涵养进取品格，以奋斗姿态激扬青春，不负时代，不负华年。"

希望广大青少年读者通过阅读和学习本书，将伟大领袖人物作为心中的榜样标杆，向他们看齐，坚持涵养进取品格、树立远大志向、刻苦学习知识、锻炼强健体魄，厚植爱党爱国爱人民的高尚情怀，用青春作笔写未来，在实现中华民族伟大复兴的生动实践中放飞青春梦想、书写人生华美篇章。

# 目录

# 1 | 悄然降生的卡尔

1818年。德国特里尔城。

5月初的特里尔，景色格外迷人。这座古老的罗马式城市，樱桃树摇曳着嫩绿的新果，阳光里春姑娘大胆散发走向成熟的信息。和风丽日，像一只只温暖的手轻盈地拂过河岸的建筑、山坡，抚摸着岩石间小粒的石英。于是，无植被的石山上一眨一眨地发出荧光似的灿灿的光辉。

5月4日，特里尔城布吕肯巷664号，主人神情兴奋而焦躁。

他是特里尔高等上诉法院41岁的律师亨利希·马克思先生。他父亲原来是知名的波兰法律学家，从波兰回到德国后就一直在这里定居。

亨利希·马克思在走廊里踱来踱去，这位安详文雅的人时不时把耳朵紧紧地贴到卧室房门上倾听——"夜半醒来后，她也常发出这种声音，一种人之本能的爱恨交加的声音。这阵似乎击鼓般的声音，是在为孩子'正位'？……又在忙碌着什么？听说是要绳子什么的东西，找绳子？难道是……"

亨利希·马克思听着想着，他真忍耐不住了，连忙对着门缝小心翼翼地说："呃，别让绳子束缚孩子的手脚。"

"先生，你别急。还没到那个时候，到时候你再发言。"卧室里传出笑声。

"嗯，要放手让孩子发挥自己的智慧和才干，走自己的路……"亨利希想。

听说孩子还没生下，他又直起腰，在走廊里踱来踱去，踱到窗前，仰望星空，一轮银盘似的满月从山那边跳出，给大地洒下一层银辉，屋顶的烟囱、教堂的圆顶、高耸的钟楼，还有那摩塞尔河上的汽船、渔舟，霎时都沐浴在静静的月光里。就在这明月的清辉中，一个伟大的生命悄然诞生了……

亨利希·马克思已等待了几个钟头，此时，焦急的心情却被夜半窗外的月色迷住了。直到助产妇阿尔普士大娘匆匆从卧室里跑出来，含笑拉扯着他的衣袖说："生了，生了，男孩，男孩！"他这才兴奋起来。

正是5月5日深夜两点钟，亨利希·马克思做了他第二个男孩的父亲。

这位犹太血统的律师同妻子罕丽达·普列斯堡都为家中第二个男孩的平安降生而高兴。他伏在床前吻她少了血色的嘴唇，吻她疲惫、憔悴的脸颊，抚摸她额头上一夜之间增多了的皱纹……

5月7日，下午4时，亨利希·马克思到特里尔市管理局民政事务处领了一张出生登记表，在登记表的第一栏内庄重地写上——卡尔。

# 2 | 欧洲的十字路口

　　卡尔·马克思出生的年代，正好是欧洲资本主义社会已进入自由发展的时期。时代的进步、资本主义的自由发展给人类社会创造了许多辉煌的文明。

　　英国，18世纪60年代开始了工业革命。纺织工人哈格里夫斯发明了珍妮纺纱机，这种纺纱机可以使16至18只纱锭同时工作并使得纺织产量迅速提高；机械师瓦特成功试制联动蒸汽机，英国建立起第一台蒸汽纺纱机，蒸汽发动机的采用为英国的工业发展提供了强大的原动力。到19世纪30至40年代，英国各主要工业部门都采用了机器生产，尤其在纺织业中，大机器生产已取得主导地位。随着工业的发展，英国的思想意识方面形成了古典政治经济学。亚当·斯密出版《国富论》（1776年）一书，阐述了劳动是社会财富源泉的观点。继亚当·斯密之后，大卫·李嘉图在《政治经济学及赋税原理》（1817年）一书中把亚当·斯密的劳动价值观点又向前推进一步，指出商品的交换价值取决于被消耗的劳动。

　　法国，1789年至1794年间发生了深刻的资产阶级革命，推翻了统治一千多年的封建制度，建立起资产阶级政权。这个政权击退了国内外反动势力的进攻，解决了农民的土地问题，为发展工业资本主义奠定了基础。但法国革命和其他资产阶级革命一样，只是以资本主义剥削代替了封建剥削制度。"自由、平等、博爱"对于劳动者仍是一句空话。因此，资产阶级知识界的一些先进分子开始思考劳动群众继续贫穷的原因，幻想消除社会混乱，建立一种新的制度。19世纪初，出现了一些空想社会主义者和共产主义者，其中最著名的代表人物是圣西门。圣西门在他所著的《论实业制度》中，主张建立一个公平合理的新社会。在这个社会里，人人劳动，用自己的力量来为人类造福，用统一的科学计划组织大工业生产，对人的政治管理将变成对物的管理以及对生产过程的指导，国家将变成生产和社会管理机关。然而，他不了解社会发展的真正动力，错误地认为：无产阶级无力解放自己，也不能领导和建立新社会。

18世纪末爆发的法国资产阶级革命，对卡尔·马克思的故乡——德国的社会发展尤其是对意识形态领域内的斗争起了重大的促进作用。从18世纪末起，德国掀起了一场批判封建主义，批判宗教蒙昧主义，提倡"自由、平等、博爱"和"人道主义"，提倡理性和科学的思想运动。在这场思想运动中，德国出现了莱辛、歌德、席勒等一批有名的启蒙思想家。更为重要的是，在这场思想启蒙运动的基础上，产生和形成了从康德到黑格尔的德国古典唯心主义思潮。

特里尔城市发展很快，早在5世纪就成了帝国的首府，成了欧洲一个令人瞩目的城市。罗马就是以特里尔为中心统治自己的西部领地的，当时这些领地包括了高卢、不列颠群岛和西班牙。这里有罗马时代富丽堂皇的宫殿，有罗马大教堂，有闻名于世的"黑门"……特里尔，这个当时只有1.2万人口的以农业为主的发达地区，连同富饶的莱茵省于1795年被法国兼并，并持续20年之久。此时，欧洲资本主义从自由发展开始走向对外掠夺。就在这个被分割得七零八落、经济远落后于法国和英国的德国，沸腾着法国大革命思想。在自由派与反动派进行最激烈的斗争的时期，向左还是向右、向前还是退后，日益成为人们关注的焦点。

卡尔·马克思就在这个时候呱呱坠地了，又正好起步于特里尔这个当时号称"欧洲十字路口"的中心城市。

# 3 | 文明的入场券

卡尔·马克思的父亲亨利希·马克思是个具有先进思想的知识分子，年轻时家境清寒，过着艰苦的生活，但是他勤奋努力，后来成为一名律师，在故乡特里尔的居民中很受尊敬。父亲渊博的学识、进步的思想以及耐心的引导给马克思以良好的启迪。

卡尔·马克思的母亲罕丽达是荷兰人，德语说得不太好。罕丽达是个善良的家庭主妇，整天操劳家务，关心家人的健康。但她对于儿子的思想，特别是儿子的志向并不理解。

父母和他们的朋友一直在影响着卡尔。

"罕丽达，你看海涅在他的诗歌里说得多好，他把信仰看作是一张进入欧洲文明的入场券。"亨利希伏身灯下，对着一本正在读的书自言自语地说。

妻子那边没有什么反应，只有她搓洗衣物的声音。

"很可惜，你对文学的兴趣不大，只研究家务，不研究信仰。"亨利希只好这么自我安慰，自我解释，"一个人活一辈子没有任何信仰也是一大悲剧，人生没有和不能选择自己最理想的信仰则是最大的悲剧。"这时，卡尔来到父亲的身边，要抢父亲手里的书。

"爸爸，什么信仰？什么入场券？"卡尔瞪大眼睛问父亲，"信仰是什么？入场券是什么？文明是什么？它们都像烧饼、葡萄一样，能吃吗？"

这个对什么问题都纠缠不放的孩子，让连日来难得高兴的父亲笑了起来："能吃，能吃！我亲爱的卡尔！"父亲一边说着一边抚摸着孩子浓密的头发。

"别扯坏了书，让爸爸看下去，"亨利希认真地说，"这些书就是入场券！你长大读书了就知道了，书里面可读出烧饼和葡萄来。"

卡尔不解地盯着海涅的诗歌和伏尔泰、卢梭的书籍。

"我亲爱的卡尔，你不是喜欢去剧院里看戏吗？进剧院里的那张票就是入场券，没有这个东西是进不去的。"亨利希又耐心地对孩子说。

"我要读书！我要信仰！我要入场券！"卡尔蹦到妈妈的身旁。

书柜是属于父亲的。亨利希是读法文中学、大学毕业的，仅法国的戏剧目录书就藏有 38 卷。埃德加尔·冯·威斯特华伦说他是"一个能够背诵伏尔泰和卢梭作品的地道的 19 世纪的法国人"。

正当亨利希阅读得入神的时候，侍女来告："主人，弗里德里希斯来访！"

弗里德里希斯是特里尔城高等法院的陪审官，他加入了泛德意志大学生协会，是亨利希要好的青年同事。

"您请坐，先生。我发现您又在生气。"律师十分敬佩他的勇气，却又常常为他担心。

弗里德里希斯不等屁股坐定，就滔滔不绝地说开了："我们究竟生活在怎样一个国家里！34 个诸侯分割了国家政权，成百个关税区把德国内部互相封锁起来。费希特被禁止活动，施泰因遭受迫害，而诗人恩斯特·莫里茨·阿恩特则被解除了教授职务。国王今天是否还履行他的诺言呢？他本来想给我们制定一部宪法，可今天他不再想这件事了！律师先生，您看看人民的处境吧！奴隶制虽然废除了，但是农民今天的生活改善了吗？我们需要德意志国家的统一。德意志联邦正处在梅特涅暴君的严密控制之下！"

弗里德里希斯跳起来，又豪放地做着手势说："而您呢，同事先生？我看，您只是安闲地、自我陶醉地读莱辛和伏尔泰的著作。"

亨利希试图让这位年轻的同事安静下来，但弗里德里希斯粗暴地打断了他："至于'卡尔斯巴德决议'吗？监视大学、大学教授和大学生——检查报纸、禁锢思想，通过制定取缔煽动民众的法律放逐一切爱国人士，就连大学生听讲的笔记本也要反复检查。可耻，简直太可耻了！"

亨利希总算对弗里德里希斯的意见作出反应："你讲得完全对，德意志联邦国家像一座监狱，诸侯从市民和农民身上榨取高额利税。他们躲在豪华的宫殿里过着骄奢淫逸的生活，并且用一个充满阿谀谄佞侍臣的宫廷把自己包围起来。他们是德国统一的阻力。"亨利希又说："事情不能操之过急，过急会惹出过多的麻烦来，慢慢唤起统治者的觉悟，才能把德国统一的事办好。"

听到这里，弗里德里希斯突然打断亨利希这位年长的同事的思路，说："你怎么还是对这些腐败的统治者们抱幻想、抱希望？只有广大劳动者们站起来，自己创立一个统一的德国，现状才能够改变！"

卡尔见弗里德里希斯叔叔和父亲都说得很激动，连忙帮母亲给叔叔送去一杯热茶，然后给父亲也送去一杯，之后就静坐在母亲的腿上，偶尔过去搂着父亲和叔叔的腿，小头来回转着，倾听那个叔叔和父亲说话。

突然弗里德里希斯拿着帽子匆匆出了门，好像立即要赶到什么地方去似的。

卡尔送来的热茶，他们谁也没有喝一口，乳白色的茶氤氲袅袅升腾……

# 4 | 白手绢

卡尔一天比一天懂事了。他爱动脑筋，爱思考，常常提出一些大人也感到很难回答的问题。他机灵好动，聪明伶俐，加上那壮实的体格、炯炯有神的眼睛，所以人见人爱。

卡尔在兄弟姐妹中排行第三，上有一个哥哥和一个姐姐，哥哥幼年夭折后，他就成了家里的长子，深得父母尤其是父亲的钟爱。虽然后来父母又生了孩子，需要悉心照料他的弟弟妹妹，可他仍然是双亲的宠儿。

父亲常夸他的才华、天赋，并想要他实现自己年轻时的理想：成为大法官、大法学家或受人们尊敬和富有理性、博爱精神的大律师。母亲见卡尔孩提时诸事顺利，常称他是"幸运儿"。

这么一个大家庭，全靠父亲做律师工作和母亲的勤劳来维持。卡尔在城市阶层富裕、文明、和谐的生活中度过童年。

姐妹和伙伴送给卡尔一个爱称——"摩尔"。姐姐既爱他又怕他。卡尔做事因执着而常表现出暴躁，这时，姐姐就又爱又恨地嗔怪他一句："摩尔霸王！"

卡尔不时组织伙伴们到紧挨着特里尔城门的小山丘上"战斗"。

"冲啊！"随着卡尔一声令下，成群的孩子奋不顾身地冲上山或跳下坡坎，谁稍有怠慢，卡尔都不客气。

"燕妮姐，你怎么不冲过去？"卡尔问。

"摩尔，你没看到前面的水沟有荆棘呀？"燕妮红着脸回答。

"怕死鬼！前面是刀山也要上！这是命令！打仗嘛！"卡尔瞪眼红脸地说，"你这么怕死？就怕撕破你的漂亮衣服？还不快跑，再不跑我要推你下去！"

"摩尔——霸王！你又这么凶！"索菲娅看弟弟真要动手推燕妮，连忙跑过来把燕妮拉过去。

"谁是霸王？小狗才当霸王哩！知道吗？这是打仗！命令！战斗！"

卡尔说完，纵身向燕妮前面那个要跨过去的障碍冲过去——

卡尔跨过去了，有趣的"战斗"结束了。

"啊，血！"大伙儿在欢呼胜利的时候，这才发现，卡尔的鞋子进了泥水，腿和手几处流着血，手上还扎有没来得及拔出来的棘刺。

姐姐连忙帮他拔出棘刺，燕妮递过自己的手绢让索菲娅擦去卡尔身上的血。姐姐怨自己不该骂他"霸王"。

燕妮两只手玩弄着自己的短发辫，视线低垂。她怨自己胆小，当初没冲过去，自己毕竟比摩尔大些，冲过去说不定摩尔就不会伤了手脚……

伙伴们都向卡尔投来钦佩的目光。大家都默不作声，山丘上变得静静的。

"大伙儿还没玩到尽兴呢。"卡尔想。

"冲啊！"卡尔一把推开姐姐，蓦地又挥手呼唤起来，带领伙伴们从马可堡飞快地"杀"向特里尔城。

卡尔拔腿离开山丘时，看见掉落在地上带血的手绢，犹豫一会儿，见大伙儿都飞快离开，他旋即拾起了手绢。

"战斗"结束了。卡尔开始做饭，他用满是泥水的手揉麦粉做"小包子"，然后让大伙儿架起两块砖头和一块瓦片，捡来干柴，点起篝火将"小包子"烤熟。

"吃呀，每人一只，快吃呀！"卡尔吩咐大伙儿。

大伙儿都看到了"小包子"是卡尔用脏手做的，有的小伙伴就不愿意吃。

"吃！不吃不行！"卡尔很生气，像姐姐和燕妮般大的孩子，她们不肯吃，他竟然将"小包子"径直塞到她们的嘴里了，"非吃不可！吃完了我讲故事给你们听，不吃我做的小包子就别想听我的故事。"

大伙儿都想听卡尔讲故事，知道他总有讲不完的新鲜事。他讲的故事经常让大伙笑得肚子痛，他自己却一本正经。

于是，大家只得把卡尔亲手做的"小包子"吃了。

姐姐和燕妮也吃了。

## 5 | 猫和老鼠的逻辑

在卡尔出生的第二年，亨利希在特里尔最繁华的西梅昂商业大街、著名的罗马黑门附近买下了更漂亮的房子，全家从布吕肯巷 664 号迁往这里的 1070 号住宅。

这里距弗里德里希·威廉中学只有几分钟的路程，亨利希也许是看在离学校近且方便卡尔入学才做出这个决定的。

威廉中学附近的伊加斯街上一栋宽敞的房子里（389 号）住着一位声名显赫的政府官员，叫约翰·路德维希·冯·威斯特华伦，他原是普鲁士阿尔特马克省萨尔茨维德尔县的县长，后又任这里的州长，1816 年普鲁士政府让他在特里尔担任要职——市政府负责巡视监狱的顾问官。冯·威斯特华伦这位枢密顾问官由于职责的原因同特里尔的首席律师亨利希·马克思联系较多，共同的自由派观点和教养以及相互间的敬佩，加深了他们的友谊。冯·威斯特华伦正是燕妮的父亲。

两个家庭出身和社会地位相差悬殊的大人和孩子们日渐都成了好朋友。他们把相距步行几分钟的路程缩得更短，大人、小孩常来常往。

夏天，枢密顾问官的花园里不时发出一阵阵儿童的溪流般的欢笑声。

这时，一个可爱的小姑娘在大声叫嚷："现在你找我吧，我离你一点也不远呀！"

灌木的树枝发出沙沙的响声，一个满头卷发的男孩用他强壮的身躯拨开那鲜花盛开的灌木丛，大笑着纵身走进去。

"我在这儿呢！"

男孩停下来，仔细辨别小姑娘的声音是从哪个方向传来的，皱了皱眉头，又飞快地向一棵紧靠着花园墙边的高大的杜松树跑过去。

燕妮紧紧抱住了这个天真勇敢的比自己小四岁的男孩，捉迷藏的游戏结束了。

小卡尔往常是随姐姐到燕妮家来玩的，今天卡尔自己来了。燕妮对小卡尔能一个人来玩感到很开心。她带小卡尔在花园里爬葡萄蔓，摘熟透了的葡萄，剥葡萄皮，把水灵透亮的绿宝石般的葡萄一颗颗直往小卡尔的嘴里塞。"吃吧！吃饱了葡萄再回去。"燕妮像个大姐姐。

卡尔在外面玩得鲁莽，可来到燕妮家里就显得特别规矩文静，不知是氛围使然，还是因为燕妮。

两人相对盘腿坐在葡萄架下的草地上，你望着我，我望着你。卡尔也剥了颗葡萄往燕妮嘴里塞。

"燕妮姐，你自己也吃吧！"

"我吃。你塞给我的脏包子我不是也吃了吗？"

"哧哧哧……"两人笑得把嘴里的葡萄汁喷在对方的脸上。

花园里又一阵溪流般的欢笑声。

"摩尔，前一次我惹你生气了，你怎么还一个人跑来同我玩呢？"

"嗯，那次我凶了你……"卡尔的小手触着了燕妮栗色的小发辫。好柔软的鬈发呀！小卡尔突然觉得燕妮姐的发辫比许多其他玩具都好玩。

"噢，对了，燕妮姐，我是来给你送手绢的。"卡尔突然记起，"给你。"卡尔松开玩发辫的手，从口袋里掏出手绢交给燕妮。

白手绢上的血没洗去，成了一朵朵的红花，白手绢成了花手绢。

"摩尔，你喜欢吗？喜欢你就留着，给你。"

"喜欢。给我？"卡尔笑了笑。

"给你，我给你洗一下。"燕妮说。

"我回去自己洗，或让姐姐洗。"卡尔说着把手绢揣进了小口袋。

燕妮将那小辫整理一下，引卡尔来到了她家的房间里。

燕妮有很多玩具，洋娃娃、小人书和积木，红头发的泽特用聪敏的眼神注视着玩耍的孩子们。

"哟，原来是卡尔来了。怎么好久没见你到伯伯家来玩了？"正在聚精会神阅读《荷马史诗》的燕妮爸爸冯·威斯特华伦连忙放下手里的书，走过来抱卡尔，把他举过头顶，又放下来，又举一下，笑着说："小卡尔长大了，长高了哦。"

卡尔对着和蔼的顾问官伯伯笑得挺开心。

"哎呀，卡尔怎么了？"伯伯把卡尔放下来，指着小卡尔笑着的嘴说，"你晚上睡觉不闭合着嘴，让老鼠把露在外面的那颗牙齿盗走了呀。"

停了笑，小卡尔一对棕色的眸子转动着，向燕妮的爸爸仰着脸说："呃，伯伯，你说得不对，牙齿是自己掉落的，不是老鼠盗走的。"

"哈哈哈……"又是一阵欢笑。

卡尔却不笑了，他问："伯伯，你为什么要说是老鼠盗走了，而不是其他东西盗走的呢？"

"因为老鼠嘴馋，你也嘴馋。你吃了好东西不刷牙口，晚上将鱼呀、肉呀留在牙缝里，老鼠吃鱼和肉的时候就把牙齿都一块盗走了。"顾问官伯伯风趣地说。

"我知道，伯伯又讲故事了，你是要我们讲卫生、常刷牙、晚上睡觉不张开嘴，是吧？"

"对了，多聪明的孩子。"顾问官伯伯弯下腰又抓住卡尔的两只胳膊举了一下。

燕妮的爸爸进了书房。燕妮带卡尔玩玩具。

"老鼠真是个大坏蛋，不劳动，专偷我们的东西吃！"卡尔突然对任何玩具都没兴趣，他自言自语地说，"我长大了专捕老鼠，弄许多许多的猫去抓，把世上的老鼠都抓光。消灭了老鼠，我们就安宁了，就不用担心老鼠偷吃粮食了。"

"不对，假如猫将老鼠消灭光了，猫吃什么呢？干什么呢？它变懒变馋了，不也成了要偷家里的东西吃的'老鼠'？"卡尔突然觉得问题复杂了。

"姐，这可怎么办呀？快说呀！"小卡尔急着要燕妮回答他。

"我也不知道怎么办，你去问我爸爸吧。"燕妮说着摇了摇那对小辫，指了指爸爸的书房。

卡尔真的跑去问燕妮的爸爸。

"伯伯，有一天，猫将老鼠消灭光了，猫干什么？吃什么？它会不会变懒变嘴馋，整日躺在家里由人养着，或也变成偷吃我们家里的东西的'老鼠'吗？"卡尔缠住顾问官伯伯问道。

"爸爸，你快说呀！告诉他呀！"燕妮在一旁帮腔。

顾问官被这个问题怔住了，看着小卡尔那对明亮天真的眼睛，一时也不知怎么回答。

"要是猫真的危害人，变成了'老鼠'，我们就把猫当老鼠打，把猫也消灭掉，怎么样？"顾问官只好这么当"顾问"了。

教堂的大钟敲响了，已经很晚了，燕妮这才把小卡尔送出家门。

"卡尔，明天再来玩，伯伯要带你到城外的山丘上去散步。"燕妮的爸爸老远还在招呼着。

"好哩，明天你给我讲莎士比亚的故事。"卡尔回答。

"行，还有圣西门的故事——"

# 6 | 中学生的预言

1830 年秋天，亨利希·马克思把年满 12 岁的卡尔·马克思送入德国莱茵省特里尔城的威廉中学。

这所特里尔的高级中学，从 15 年前就开始直属普鲁士文教部。然而，这之后柏林政府始终未能使这所学校在思想上屈从于易北河东岸的贵族保守精神。校长约翰·维登巴赫富有自由主义思想，他大胆传播启蒙思想，并培养学生的人道主义精神。

卡尔入学前的莱茵地区教学水平很低，主要是由于一些宗教徒总是力图把学校变成培养传教士的场所。在 1795 年法国兼并莱茵河以西的普鲁士领土后的那段法国统治时期，这里的教学十分混乱。特里尔城里中学的学生愿意上什么课就上什么课，愿意什么时候上课就什么时候上课。学校既没有稳定的教学计划，也没有严格的考试制度。

卡尔进入中学的这年，法国爆发革命，这给莱茵省尤其是特里尔的自由派人士带来了希望之光。校长约翰·维登巴赫亲自出席汉巴城的自由派集会。为争取德国统一和民主自由，维登巴赫与成千上万从德国各地云集来的青年学生、手工业者和资产阶级人士一道向群众发表演说，朗读讽刺诗，甚至号召人们在争取自由的斗争中要表现出大无畏的牺牲精神。维登巴赫是自由派文学俱乐部"卡季诺"的创始人之一，卡尔的父亲也是文学俱乐部"卡季诺"的成员，还有几个教卡尔的教员也是这个俱乐部的成员。因此，卡尔在中学里遇到的也是他在家里和父亲的朋友们中间已经习惯了的开明和自由的气氛。

卡尔上中学的时候，燕妮在这里快要毕业了。燕妮的家离学校很近，燕妮的弟弟埃德加尔比卡尔小一岁，他们成了很要好的同班同学。卡尔去威廉中学每天都要经过西梅昂大街。这是特里尔的主要街道，它从市中心穿过，一直延伸到特里尔广场。卡尔在穿过热闹的广场时，总是会与那里的居民谈天说地，细心倾听他们对时政的议论。每天他宁愿多走一段路，从燕妮家门口通过，同燕妮和她的弟弟一路去学校，又一路谈论他走在大街、广场看到的和倾听到的一些有趣的事情。有时他同燕妮的弟弟不免有些争议，燕妮却常倾向卡尔这一边，卡尔的独到见解常使燕妮肃然起敬。就这样，每次的议论直到教室门口才能结束。

卡尔路过燕妮家时，燕妮的父亲总要亲切地唤卡尔一声，甚至要他进屋吃点好吃的东西，或要燕妮带给他在路上吃。随着年龄的增大，卡尔的求知欲也愈来愈强，加上他聪明又很有天赋，顾问官越来越喜爱卡尔，卡尔也像尊敬父亲那样尊敬他。星期天，顾问官威斯特华伦一有空，就带卡尔到城郊的小山丘散步。散步时，顾问官用英语和德语背诵荷马史诗《伊利亚特》和《奥德赛》整章整章的叙事诗和莎士比亚的整场整场的戏。下回散步，卡尔就能对顾问官复述荷马整章整章的叙事诗和莎士比亚整场整场的戏，这让顾问官既感到惊奇又感到欣慰。

顾问官还向卡尔介绍了法国空想社会主义者圣西门的思想，这激起了卡尔浓厚的兴趣。

校长维登巴赫是一个自由主义者，他治校有方，在卡尔入学之际加紧整顿了学校秩序，大胆聘请了几位知名的科学家和自由主义人士任骨干教员，其中施泰宁就是一位信仰唯物主义和无神论的数学教员。

1835 年，卡尔中学毕业的这一年，特里尔发生了"文学俱乐部事件"：

一些自由主义者上街游行、宣扬理性和自由。维登巴赫领导的威廉中学受到了搜查，学生手里被禁的诗歌被没收，一名中学生被逮捕，政府当局还提出要免去维登巴赫的校长职务。听说当局要撤销维登巴赫的校长职务，学校反响强烈。卡尔和他要好的同学格拉赫和埃德加尔组织学生抗议。当局见维登巴赫在学校师生中威信如此之高，只好把学校的一个反动教员摩尔斯任命为副校长，由他在政治方面加强对学校的控制，通过他来扼杀和抑制这里师生的斗争精神和自由空气。然而，生活的潮水自然是无法阻挡的……

卡尔读高中的时候，一个叫路德维希·加尔的人在特里尔出版了一本小册子《出路何在》。这本书中揭露了社会的不公以及享有特权的富人越来越富，而劳动人民则越来越穷的现实。

特里尔这股"国际十字路口"的自由主义思想浪潮，激荡着卡尔青春年少的心河。自己的父亲和燕妮的父亲以及中学校长维登巴赫等人对卡尔的直接影响，使他开始意识到自己应该做一个什么样的人。他崇尚自由，追求自由，追求真理，寻求光明的人生，并将坚定勇敢地去斗争！

卡尔寻求自由、理想的热血开始激荡不已，由于正处于长知识、长智慧的中学时代，卡尔的主要精力还是放在了功课的学习上，被抑制的热望只能通过他的一篇篇作文显现出来。

什么是幸福？自由与幸福有什么关系？这是青年马克思非常关心的问题。

《奥古斯都的元首政治应不应当算作罗马国家较幸福的时代？》是卡尔的一篇中学拉丁文毕业作文。卡尔在这篇作文中把奥古斯都时期和它的前一个时期作了详尽的比较。卡尔认为，前一个时期的早期是文化水平较低的时代，其特点是风俗淳朴和勇武好战；到晚期，国家便由于道德的堕落和暴政的出现而一蹶不振。在奥古斯都统治时期，尽管国家权力集中于元首一人，法律和制度也随着元首的命令而改变，但这时的人们不仅在民政和军事方面表现出崇高的美德，而且还创造出灿烂的文化。因此，它是古代罗马最重要、最幸福的时代。卡尔写道："我们认为奥古斯都所确立的国家是最符合他那个时代的国家。因为，如果百姓都柔顺亲密，讲究文明风尚，而国家的疆土日益扩大了，那么统治者倒会比自由的共和政体更好地保障人民的自由。"

卡尔在《青年选择职业时的考虑》这篇毕业论文里，讨论了个人完善和崇高的途径问题，并且已经意识到"社会上的关系"对于人类生活的重要性，更看出其思想的光芒。

卡尔认为，人比其他动物优越的地方是人类能够选择适合于他自身完善及其发展的目标和行为。他说，人与完全依赖自然条件的动物不同，人总是力图借助于自由活动来驾驭某些条件。卡尔关于"自由活动"的思想观念，主要表现在职业选择的问题上。对职业进行一定条件下的自由选择，卡尔认为这不仅是必要的，而且是可能的。因为每个人都有一定的思想、信念和目标，这种思想、信念等能够越出一定的范围，进而考虑其他事物的存在。人类还能够在一定时期内对某种信念做出冷静的分析，从而选择一种既符合世界需要又符合自身发展的目标。同时，卡尔又认为，任何个人的自由活动、求知欲望和生活热情都要受到一定的限制，这种限制就在于任何个人都处在一定的自然和社会关系之中。譬如，个人首先要考虑自身的实际条件，包括身体素质和能力等，只有选择同自身相适应的自由活动，才能获得自身的发展和完善。更重要的是，我们还必须考虑他人和社会的进步。只有那些为着共同目标奋斗的人，那些为大多数人幸福而劳动的人，才是最伟大、最杰出的人物。卡尔在他的论文中，也意识到他人是客观存在的，他说人们的心要向着自己的同类和弟兄。

17岁的卡尔已经意识到，个人和社会是可以一致起来的，而且必须一致起来。他说，人们只有为同时代人的完善、幸福而工作，才能使自己也达到完善和幸福的状态。他还说，古罗马的奥古斯都是应当受到尊敬的，因为同奥古斯都以前的时代相比较，奥古斯都促进了社会的安定进步和文化的繁荣。

中学毕业在即，全班同学几乎都在谈论未来职业选择的问题。有的想当官，有的要经商，有的愿做医生，有的则以投笔从戎为理想。卡尔却坦率地表达了自己选择职业的看法：不论什么职业，任何时候也不能使其思想脱离具体行动，同时，任何时候也不能使其具体行动缺乏理智和思想。

卡尔把对职业选择的看法，一直当成自己生活的基本准则，并准备把自己献给崇高的事业。他说："历史承认那些为共同目标劳动而使自己变得高尚的人是伟大的人物；经验赞美那些为大多数人带来幸福的人是最幸福的人。"

17岁的卡尔在这篇毕业论文里是这样用潇洒而又浓重的笔墨结尾的：

如果我们选择了最能为人类服务的职业，我们就不会为任何沉重负担所压倒，因为这是为全人类作出的牺牲；那时我们得到的将不是可怜的、有限的和自私自利的欢乐。我们的幸福将属于亿万人，我们的事业虽然并不显赫一时，但将永远发挥作用，当我们离开人世之后，高尚的人们将在我们的骨灰上洒下热泪。

如此铿锵的言辞和预言，表现出了年轻卡尔的思想才华和崇高志向。这志向虽然还不是具体的，却是真挚的、淳朴的；虽然还不能说明人类生活的发展和变化，却是一种富有生命力的追求和思索；虽然还没有高深的哲理，却摆脱了个人天地而升华到了一个新的境界。正如他在一首诗歌中所说的：

假如有那么一股

汹涌澎湃的波涛，

向前奔，不绝滔滔，

奔向那险滩隘道。

向着我和我的渴望猛扑过来，

想把我摧垮，压倒，

后退——这事儿我才不干，

这字眼——我连看都不看。

为了达到目的，

我愿和风浪搏斗，

甚至烈火的威风，

也会被我制服。

即使和我一起战斗的人，

一个个全都牺牲；

即使他们全都意志消沉，

对付任何力量我还是能够胜任！

1835 年 9 月，17 岁的卡尔在这种为争取自由而斗争的思想浪潮中毕业了。他获得了校长、师生、家长都满意的优异学习成绩。校长维登巴赫给卡尔的评语是："思维丰富，文学结构严谨，然而有追求与众不同的形象用语的倾向。"学校考试委员会在他"中学毕业证书"的鉴定上最后写道："本委员会衷心希望卡尔将由于得天独厚而获得应有的美好前程。"

按照当时的传统习俗，中学毕业的时候学生都要向校长和各位老师告别。副校长摩尔斯是卡尔的希腊文和拉丁文任课老师，可卡尔拿到毕业证后唯独不去与他告别，全校不去与他告别的只有两个学生。摩尔斯对卡尔这位希腊文和拉丁文功底十分出色的学生不去同他告别，深感惋惜和怅然……

一个成绩优秀、爱憎分明的中学生，带着他的理想"预言"和高中毕业证书，兴致高昂地奔向新的征程！

# 7｜浪漫的学生诗人

1835 年 10 月中旬的一天清晨，摩塞尔河的汽笛声早早地催醒了特里尔城的两户人家。

卡尔和父母、姐姐，还有燕妮，带着行李，从西梅昂大街来到码头。待一艘大帆船靠岸，父亲陪卡尔登上了这艘"特快帆艇"的甲板。

卡尔和父亲乘大帆艇沿摩塞尔河转莱茵河的轮船，顺流而下，10 月 17 日到达波恩。

这时的波恩城沉浸在夕阳的余晖里，这座城市显得更加美丽可爱。波恩不比特里尔大多少，但这里有一所著名的大学——波恩大学。这座城市的政治、思想生活受这所大学的 700 多名学生的影响很大。正是波恩大学使得波恩成为普鲁士莱茵省精神生活的中心。

卡尔很快租了房子，又在学校顺利办完注册手续。他遵从父亲的愿望读了法律系。

卡尔第一次远离故乡，远离亲人，开始独立生活。起初他不免有些留恋故乡和亲人，但他很快适应了学习生活，并着意通过用功的学习和频繁的社会活动来弥补这种情感上的空虚。此后，他沉浸在大学沸腾的生活中。

求知心切的卡尔，一开始就选修了9门功课。他对诗歌和文学感兴趣，常去听文学课，还去听浪漫主义理论家冯·施勒格尔开设的哲学及其他课程。卡尔刚进校就表现出渴望了解一切的急切心情，注册的当天他就加入了波恩大学的特里尔同乡会。同乡会为避免当局的监视一般称作"啤酒俱乐部"，这是一个以文学宗旨掩盖政治活动的组织。

到校后的最初3个星期，卡尔没有给家里写信，后来的3个月内也只写了两封信，并且写得很仓促。

父亲来信责怪了他："我的确对你说过，要你在对周围环境有了点了解之后再写信来。可是，既然事情已经延误下来，你就不该那样机械地理解我的这些话了，何况，慈祥的妈妈为你感到多么不安和担心……"

卡尔对于专业知识的学习，一直勤奋用功，由于用功过度，他在波恩大学病倒过，因此，父母亲特别关心他的健康。

父亲说："在这个悲惨的世界上，身体是智慧永恒的伴侣，整个机器的良好状况取决于它。一个体弱多病的学者是世界上最不幸的人。因此，望你用功不要超出你的健康所能容许的限度。此外，每天还要运动运动，生活要有节奏，我希望，每次拥抱你的时候都会看到你是一个身心越来越健康的人。"

妈妈也来信说："我很想知道你是怎样安排自己的小家务的，这一点你不应当看成是我们女人的弱点……亲爱的卡尔，我还想提醒你注意，不要把清洁和整齐看成是无关紧要的小事，因为健康和饱满的情绪都和它们有关系。因此你要注意经常收拾你的房间，并且要安排出一定时间做这件事。亲爱的卡尔，你每星期都要用海绵和肥皂洗一次澡。你喝的咖啡是怎样弄的？是自己煮，还是怎么的？望你把有关家务的一切情况都写信告诉我。你的可爱的缪斯总不会因你母亲的这一番平庸之谈而感到受屈吧！告诉你的诗神，一切高尚的和美好的东西都是通过平凡的东西而达到的。最后，祝你健康，想必圣诞节你会有些什么要求，只要是我能做到的，我都将乐于去做。祝你健康，我亲爱的卡尔。祝你好运，别忘了你的双亲。再见。孩子们全都向你致意并吻你，你永远是我最可爱的、最好的人。"

后来，由于频繁的社会活动和自己的身体情况，卡尔不得不减少一些选修课程。

第二学期初，卡尔被波恩大学的特里尔人推选为同乡会会长。这使他更加痛快地投入波恩大学丰富多彩、浪漫惬意的生活。

"学生会"多为贵族子弟组成，那些出身于地主家庭的子弟在普鲁士政府的庇护下经常惹是生非、为所欲为，卡尔对这些人不甘屈服。有一次，一位属于"波路希亚学生会"的成员竟然动用刀剑欺侮特里尔的一个普通学生，卡尔一头扑过去护着同学并用拳头同对方展开搏斗。当他彻底制伏那位贵族学生时，他才发觉自己右眼一侧被对方的刀刺伤。

浪漫的校园生活激发着卡尔的文学创作欲望，他后来又加入了一个叫哥丁根的诗人团体，积极参加一些政治和文学创作竞赛活动。

那次同贵族学生决斗后，他写了一篇名为"人的自豪"的诗歌，表现出一种宽阔胸怀和摧毁旧世界的勇士精神：

面对着整个奸诈的世界，
我会毫不留情地把战挑，
让世界这庞然大物塌倒，
它自身扑灭不了这火苗。
那时我就会像上帝一样，
在这宇宙的废墟上漫步，
我的每一句话都是行动，
我是尘世生活的造物主。

他在另一首名叫"海上船夫歌"的诗里，把自己比作一个驾驭着汹涌波涛的水手：

> 我在与风浪搏斗中锻炼成长，
> 并不指望上帝来给我帮忙，
> 我扬起船帆信心满怀，
> 仰赖可靠的星辰引航。
> 在漫长的决死战斗里，
> 我浑身是喜悦的活力，
> 我充满了粗犷的热情，
> 我唱出了豪迈的歌声。

卡尔通过对社会的观察和了解，已开始认识到"旧制度是无法医治的"。

在创作幻想戏剧《乌兰内姆》时，卡尔形象地指出：旧制度就是一条缠在人们身上的毒蛇，绝不能对它表示温存、怀有幻想，必须与它进行斗争，把它扼死。他通过主人翁乌兰内姆之口愤怒地高呼：

> 世界将在漫长的诅咒下崩溃，
> 我的双臂拥抱住这严酷的现实，
> 它就在拥抱着我时死去，
> 并永远沉没于虚无之中。
> 完全消失而不复存在——大概这就是生活！
> …………
> 世界看出这一切，它翻滚下去，
> 为自己唱着葬歌，

而我们这些冷酷的上帝的猿猴，

还在用充满激情的、火热的胸膛，

来温暖着毒蛇，让它长大成形，

低下头来把我们咬上一口！

浪漫的生活，生产浪漫的作品。

卡尔还创作了幽默小说《蝎子和弗里克斯》等，并通过文学创作充实自己，弥补自己对亲人的爱恋之情。在波恩大学的两个学期里，他竟然创作了一本献给父亲55岁生日的诗集，还创作了献给青梅竹马的女友——燕妮的诗歌集《爱情集之一》和《爱情集之二》。

卡尔的诗作很有特色，在抨击现实时，激情喷涌；而在写给亲人时，则情意融融。他在一封信中就自己创作的抒情诗这样回答父亲："对我当时的心情来说，抒情诗必然成为首要的题材，至少也是最愉快最合意的题材。然而，它是纯理想主义的，其原因在于我的情况和我从前的整个发展。"

在后来写给父亲的信中，卡尔常谈到自己需要钱等许多事情，父亲也只好不断地为他的浪漫生活买单。

父亲在信中说："亲爱的卡尔，你的账目完全符合你的特点，既无层次，又无结果。如果它写得较为简短、紧凑些，分栏抄写好，看起来就省事多了。一个受过教育的人，尤其是一个实用法学的人，首先应该要求自己有条理。我没有什么不同意见，但是我觉得，目前购买大量的书籍还为时过早，不必要，尤其是历史方面的书。"

父亲在信中还劝诫卡尔："如果不急于发表你的诗歌，那就好了。诗人、文学家为了有权公开发表自己的意见，在我们这个时代应该感到自己负有使命创作确有价值的东西。"

## 8 | 私订终身

波恩的第一个学年飞快过去了。

1836 年，卡尔回到了特里尔度假，往日的美好故事就像发生在昨日，不再像在波恩大学思乡思亲时要给父母亲写信，要掏出那块随身带的"白手绢"出来看一看、闻一闻……

卡尔同父母兄弟姐妹痛痛快快地欢聚一堂，诉说衷肠。

"琳蘅①，伯伯在家吗？"卡尔来到了燕妮家。

"谁？呀，是卡尔，转眼成了英俊的男子汉了。放假了吧？"顾问官从书房出来，好生高兴。

琳蘅见卡尔来了，欢快地转身进入花园。

"放假了，来看伯伯。"卡尔又风趣地说，"邀伯伯散步，同伯伯谈猫捉老鼠。"

"哈哈，这小卡尔还真不错，如今是大学生了，还没有忘记伯伯。"顾问官拍着卡尔的肩膀说。卡尔比他还略高了些。

"今生没齿难忘呀！"卡尔豪爽真诚地笑了。

———————————

① 琳蘅，全名海伦·德穆特·琳蘅（1823—1890），马克思家的女佣和忠实的朋友。

"真的吗？"燕妮同琳蘅手牵手从花园跑来了。

"不忘！"卡尔又幽默地说，"当年被老鼠叼走的那几颗牙齿不是长出来了吗？"

"哈哈哈……"屋子里的人都笑了起来。

燕妮的父母吩咐琳蘅倒咖啡、倒葡萄酒。

"呃，还不如到葡萄架下去吃新鲜葡萄。"燕妮对琳蘅小声说一句。

又像童年时的那阵子，燕妮与卡尔开始形影不离，双双走进了花园。

燕妮成了特里尔城公认的最漂亮的姑娘。丹凤眼，柳叶眉，棕白分明的眸子，微微上挑的薄嘴唇，挺秀的鼻梁，清晰笔直的人中，高前额，富丽的双耳，"人"字拉开前额棕色亮丽的发帘，头顶高高盘上发结，两圈金光照人的项链，袒胸露背的长挂裙……这一切，真像是一尊宫廷美神塑像，楚楚动人。

卡尔一头乌黑的鬈发上翻着波浪，嘴唇和两颊有一层毛茸茸的胡须，看起来比十七八岁的小伙子要老成些，身着校服的卡尔还真有几分学者的风度。漂亮的燕妮、英俊的卡尔不再像童年时显出年龄差来，看上去年龄相仿。第一学期的假期里，卡尔也由燕妮、琳蘅陪着在花园里听鹧鸪啼鸣，听夜莺歌唱，但谁也不愿先说出自己心中要说的话。摘葡萄时，琳蘅说："你同燕妮姐都坐着呗，由我来。"琳蘅不准他俩动手，麻利地从葡萄架上摘下来一串串熟透了的葡萄，放到葡萄架下的茶桌上。卡尔被捧为了上宾。

"琳蘅，够了。一块来吃吧。"卡尔见琳蘅这半年也长高了许多，深深留在卡尔记忆中的那件燕妮的衣服穿到她的身上了，这位殷勤的农家姑娘同样是那么可爱，卡尔将一颗剥了皮的葡萄先塞进了琳蘅的嘴里。

卡尔同燕妮隔着圆桌面对面坐着。这时，他们不时地对视，目光都和以前大不一样了，都是那么含情脉脉。谁都不愿把眼睛眨一眨，谁都不愿先移开视线。

琳蘅心里为燕妮姐暗自高兴，她悄悄地离开了圆桌，离开了花园。

"吃吧！"卡尔把剥了皮的葡萄一颗颗地往燕妮的嘴里塞，"你还记得小时候吗？都是你往我的嘴里塞。"

"怎么不记得，那时你一顿可吃好多呢！"说着，燕妮也将一颗剥了皮的水汪汪的葡萄塞进卡尔的嘴里。她不由得又打量了一下由花园通往家里的后门。

"你怕你爸妈和琳蘅他们笑话我们吗？"

"琳蘅早知道了，我早就告诉了她。家里人我谁都不怕，只怕我哥，怕他带人来。"燕妮说着低下了头。

"一个人要怕另一个人干什么？你哥不就是在普鲁士当官吗？"卡尔轻蔑地说，转念又问，"呃，为什么要怕他？"

"他给我介绍过几个大少爷。"

"那么，你的意思呢？"

"我谁都看不上。"燕妮低着头，看着自己纤细而又嫩得像青葱一样的手指头。

"那你看上谁了？"卡尔顺藤摸瓜。

"你说呢？"燕妮反问，又唰地羞红了脸，"我只看得起我自己。"

"我怎么知道你看得上谁？"卡尔佯装不知道，"我要是能钻进你的脑袋和肚子里就好了，我就会知道你真正喜欢谁。"

"那，你就钻进来呗。"燕妮嗤笑着说，看了一眼卡尔，很快又奔拉着头。

卡尔瞧着她的头发，那柔软的比任何玩具都好玩的一对小发辫……

卡尔算是已摸着了"瓜蒂"，他心里有说不出的高兴。

他接着就滔滔不绝地给燕妮讲述他在大学里当同乡会会长的事，讲常带大伙儿去"白马"酒店喝酒消愁、谈论政治，甚至去讨伐学校那些横行霸道、为所欲为的贵族子弟的事，也讲了燕妮很关心的他右眼旁一处小疤痕的故事。

"我知道你勇敢，但还得多长智慧，千万要注意保护自己，没有身体，一切都是枉然。"燕妮说着，脸上露出担忧的神色。她又瞥了一眼家里的后门，对卡尔说："你过来，给我看看你那伤疤。"

卡尔向她伸过头来，燕妮那软绵绵的手指揉着那小小的隐约的疤痕，真像要把疤痕轻轻拭去。卡尔体验到了通过那手指头传过来的一脉电流。

"你还记得小时候一次玩游戏时，把手脚都划破了的事情吗？"燕妮嗔怪道。

"怎么不记得，这不是你的白手绢吗？我一直带在身上。"卡尔从口袋里掏出手绢，一块折叠得方整的手绢。

"好香啊！"燕妮打开手绢，闻到了一股浓郁的香味。与其说她将手绢贴在鼻子上，不如说是贴在嘴唇上。她把手绢按原来的折痕小心地折叠起来，交给卡尔，说："只不过已成了一块花手绢。"

"嗯，这是血的花。"卡尔庄重地说，又若有所思地喃喃自语，"有一天，普天下受压迫的劳动者都自己觉醒起来，用自己的鲜血树起一面旗帜，建设圣西门式的理想的社会，该有多好……"

卡尔正是以他那非凡的禀性、丰富的想象、深邃的智慧、博大的胸怀和不为一般男人所具有的刚毅气质，使这位倾城的美女为之倾倒。

比卡尔大四岁的燕妮不仅以她秀丽的容颜赢得卡尔的爱慕，她的文化素养、聪颖贤惠、高尚善良也使卡尔钟情难忘。

燕妮这时还不知道，卡尔已为她在波恩熬过了不少夜晚，写了不少向她倾吐衷肠的情书恋歌。

卡尔也并不十分清楚，这特里尔甚至于普鲁士的豪宅府邸内有多少富贵子弟前来登门求婚、向她倾吐爱意，都被她一一婉言谢绝。

卡尔没有财产，又非显贵，还是一个没有固定职业的大学在校生，将来的前程如何也只有天知道……这一切，燕妮清楚，他不能与其他任何到家里来的男人比较，可孩提时卡尔身上的一种无形的美的东西钳制着她，似乎自己只有同卡尔在一起，今生今世才会幸福，就是将来吃苦受折磨也是一种从他人那里寻找不到的幸福。

暑假的一天，也是在这个花园里，夜莺歌唱的时候，卡尔拉着燕妮的手，紧紧地握着，柔和而低声地对她说："我们相爱吧！秘密地相爱！"

燕妮拉着卡尔的手放到了自己的唇边，以示回答。

这时，他们都捅开了心里那层让他们闷得慌的窗户纸。

卡尔忘形地拍着手掌跳起来，惊得夜莺乱飞。

银盘似的月亮把夜晚照得如同白昼。燕妮轻捷地走出了葡萄架，躲进了花园里的灌木丛中，和卡尔捉迷藏，追逐童年的梦。

"找我吧，我离你很近！"燕妮说。

…………

就这样，他们面对着满盘银月私订终身：只要活在人间，生生世世永不分离。

# 9 | 爱情与哲学

这年暑假，卡尔和燕妮私订了婚约。可是，这对情侣当时仅将他们的决定告诉了卡尔的父亲，因为他们不知道其他亲属是否会理解和同意。

父亲对卡尔在波恩大学的浪漫生活和过大的开销本来已很忧心。卡尔这么年轻，刚开始接受高等教育又要把自己的命运同一个达官显贵人家的女儿连在一起，这再次让他伤透了脑筋。但是，对孩子的婚姻，他又不能表示不同意，因为他清楚卡尔的性格。

暑假后，卡尔不得不遵从父亲的安排从波恩大学转学去了普鲁士的首都上大学——去柏林大学继续读书。

爱情取得的初步成功使卡尔十分喜悦，可他对爱情的未来还缺乏信心。他就是带着这种复杂的心情离开了特里尔，又离开了波恩，远离心爱的燕妮。

这次去柏林，卡尔不像一年前去波恩那样高兴，那次是一位中学生兴高采烈地怀着去征服整个世界的热情离开的。卡尔坐在普通的邮车里，经过几天的旅程，神情忧伤，闷闷不乐。留下燕妮在特里尔，她会受到各方面的困扰；柏林那么遥远，一别可能是数年。卡尔才18岁，生活中还没有遇到过任何波折，母亲说他是幸运儿，万事如意。现在遇上了不顺心的事，第一次尝到这种滋味，卡尔有点茫然。

卡尔心头的矛盾是：一方面要读书学习，要取得好成绩；另一方面不愿和心爱的人分离。他暗暗发誓：要调集自己的所有能耐，一切服从自己的意志。

1836 年 10 月，卡尔到达柏林。他下定决心要埋头于科学和艺术的学习，于是在离柏林大学很近的米特尔街 61 号租了一间简陋的房子，选修了法学和人类学。

卡尔刚到柏林时，萌发了闭门读书的念头，不想去进一步了解这座阴沉的普鲁士都城，对那灰色的天空、平庸的市民、小商人、小手工业者和众多的官吏，他都不感兴趣。给这个沉闷的城市定调子的是王室、军官和驻扎在 15 个兵营里的 3 万名士兵，它跟盛产葡萄的莱茵省的那些欢快、温厚而又爱好自由的城市形成鲜明的对比。

卡尔还不知道另一个柏林，即艺术、思想、剧院、俱乐部和文学沙龙的柏林。在头一个学期里，他只熟悉了这座规模宏大、吸引着德国最出名的教授和几千名勤奋的大学生的高等学府的一部分。威廉大学的创始人——哲学家和自由派知识分子威廉·冯·洪堡当初的设想，就是要把这所大学办成既能开发大学生的智慧又能促使大学生个性自由发展的大舞台。

卡尔在这里除了学习正规课程以外，还阅读学者的专著，做笔记，写诗，注意加强自己多方面的修养。为了更好地理解自己、清理自己的思想，他常做深入的自我解剖，一边写一边思索。这一方法能够充分调动自己的能耐，形成非凡的工作能力，使自己能够同时干好几件事。他能同时阅读和分析许多著作，做摘记，把脑子里随时出现的思想和计划记下来，并且给燕妮写诗。

这年年底，燕妮收到了卡尔的三本诗集，上面的题词是"献给我亲爱的和永远热爱的燕妮·冯·威斯特华伦"：

燕妮，笑吧！你定会觉得惊奇：

为何我的诗篇只有一个标题，

全部都叫作"致燕妮"？

须知世界上唯独你

才是我灵感的源泉，

希望之光、慰藉之神。

这光辉照彻了我的心灵，

透过名字就看见你本人。

卡尔献给燕妮的诗集既是爱的幻想曲，也是爱的思念曲——

我用迷恋幻想的这只巧手，

编织一幅旋律绕空的罗纱，

让我飞向那心爱的远方，

把轻纱给我的燕妮披上。

思念比天上宫殿还高，

比永恒的天地更久长，

比理想国还更美妙，

忧心似海，深胜海洋。

他又把爱情、理想和志愿结合在一起：

我幻想使心中雄伟的歌声

响彻全世界，洋溢在长空，

为了获得光辉的荣誉，

向精神堡垒发起猛攻。

…………

我要向那茫茫苍天问讯死亡。

我能在那儿找到什么？真是荒唐！

我应当达到成熟完善，

像火炬自身迸发火光。

　　如同卡尔一样，燕妮也无限思念自己的恋人，她含着泪水读完一封封"情书"并在信中激动地写道：

　　——亲爱的卡尔，如果你现在能和我在一起，如果我能偎依在你胸前，和你一起眺望那令人心旷神怡的亲切的谷地、美丽的牧场、森林密布的山岭，那该有多好啊！可是，啊，你是那么遥远，那么不可企及，我的目光徒然把你寻觅，我的双手徒然向你张开，我以最柔情蜜意的话语徒然把你呼唤。我只得在你的爱情的无声信物上印上热烈的吻，把它们代替你紧贴在心房，用我的泪水浇灌它们。

　　你的形象在我面前是多么光辉灿烂，多么威武堂堂啊！我从内心多么渴望着，你能常在我的身旁。我的心啊，是何等喜悦和欢快地为你跳动，我的心啊，是何等焦虑和不安地在你走过的道路上盼望着、期待着。

　　我越是沉湎于幸福，那么，一旦你那火热的爱情消失了，你变得冷漠而矜持时，我的命运就会越可怕。卡尔，你要看到，由于担心保持不住你的爱情，我失去了一切欢乐。

卡尔这位刚强的男子汉流下了眼泪，他把泪水留在稿纸上，又匆匆写上：

燕妮！我可以大胆肯定，

我们相爱着，心换了心，

炽热的心啊在一块儿跳动，

它们的浪潮奔腾汹涌。

因此，我轻蔑地把手套

掷向世界的宽大脸庞，

渺小的巨人呻吟着轰然跌倒，

但我的火焰不会被它的残骸灭掉。

我要像神那样胜利地

巡视废墟的国土，

我的每句话都是火焰和行动，

我的心胸有如造物主的怀抱。

我再也不能安静地研习，

那有力地吸引着我的东西，

我再也不能得到恬适和安静，

我的生活将不停地沸腾。

时钟已经敲响了两点，夜间死一般寂静，只有那古老的调节时间的钟摆嘀嗒地响着。他小心地伸了伸怕戛然折断的腰肢，当看到手指上燕妮送的刻着"心上的燕妮姐"的戒指，不由自主地摸了摸口袋里的花手绢……忽然记起有两天没有给燕妮写信了，她一定在远方非常想念……他从箱子里拿出一大张崭新、精致的信纸给燕妮写信。

就寝时已是凌晨4点钟了。他觉得疲乏，眼睛发花，额头发热。

第二天，他高烧40℃，不能到大学去听课。他在床上躺了几个星期，才慢慢从精力耗竭的状态中恢复元气。

卡尔又一次思忖着做出决定：为了集中精力扑到已爱上的希腊哲学史的研习上去，不再给燕妮写诗，换用一种省时又珍重的新方式。一天，卡尔很快给燕妮编选成一部民歌选集，精装八开本，亲手设计。黄绸的封面上带有红色的玫瑰花，这象征着他对燕妮的爱情像红色的玫瑰那样光辉闪烁、热烈温馨。他在反复寻找之后，才在菩提树大街找到了一家装订社。当翻阅诗册的时候，他也不由地惊异：诗册里竟然没有他自己写的一首诗歌。他喃喃自语："这些诗歌比我的好些，如果别人的诗句是绝妙好词的话，为什么还要用我自己的诗去表达我的爱情呢！"

他用指头抚摸着黄色的绸绢，燕妮的形象就浮现在他的眼前，近年来她长得更美丽了。他又想到上学期期末假期中和她的一次谈话，想到同燕妮的母亲发生的争执。

他低声说道："不会的，我们不会分开的。"

他细心地把书包好，并附了一封信，写了许多心里话，然后匆匆跑到邮局寄出，一路上，他哼着欢快的歌曲。

研习功课时还要研究爱情的矛盾，这使他心烦意乱。在这过度兴奋和狂热地进行精神探索的时期，他对世界有了新的看法，使他达到了远远超出他年龄的成熟程度。

1837年11月10日，卡尔在给父亲的信中这样写道：

生活中有着这样的时刻，它给已经消逝的时光立下一块界碑，但同时又明确地指明生活的新方向。

在这种继往开来的时刻，我们感到不得不用思想的锐眼来观察过去和现在，以求达到认识我们现实的境地。世界历史本来也确实喜爱做这样的回顾，把目光投向过去，这常常赋予它一种倒退和停滞的假象，而实际上它只不过坐在靠椅上，为了理解自己，从精神上洞察自己的精神的活动。

··········

所以，当我在这里度过的一年行将结束，回顾一下其间所经历的各种情况，以便回答你，我亲爱的父亲，从埃姆斯寄来的那封极其亲切的信的时候，请允许我像考察整个生活那样来观察我的情况，也就是把它作为在科学、艺术、个人生活全面地展示出来的精神活动的表现来观察。

当我离开了你们的时候，在我面前展开了一个新的世界，一个爱情的世界，而且起初是极其热烈、没有希望的爱的世界，甚至到柏林去旅行我也是淡漠的，要是在别的时候，那会使我异常高兴，会激发我去观察自然、还会燃起我对生活的渴望。这次旅行甚至使我十分难受，因为我看到的岩石并不比我的感情更倔强、更骄傲，广大的城市并不能比我的血液更有生气，旅馆的饮食并不比我所抱的一连串的幻想更丰富、更经得起消化，最后，艺术也不如燕妮那样美。

到了柏林以后，我断绝了从前的一切交往，有时去看人也是勉强的，只想专心致志于科学和艺术。

··········

但是写诗可以而且应该仅仅是附带的事情，因为我应该研究法学，而且首先渴望专攻哲学。另一方面，我试图使某种哲学体系贯穿整个法的领域。我在前面叙述了若干形而上学的原理作为导言，并且把这部倒霉的作品写到了公法部分，约有 300 印张。

··········

在做这种种事情的时候，我在第一学期熬过了许多不眠之夜，经历了许多斗争，体验了许多内心的和外在的激励。但是这一切都没有使我大大充实起来，不仅如此，我还忽视了自然、艺术、整个世界，跟朋友们也疏远了。这似乎连我的身体也有反应了。

一位医生劝我到乡下去，于是我第一次穿过整个城市，来到通向施特劳拉的城门前。

在生活和学习中，卡尔遇到了许多疑难和烦恼。他渴望对生活和知识进行深入了解，从而抓住事物的发展和生活的本质。卡尔力图对现实和理论的矛盾、对法学的历史有一个深刻的认识。他不满足于了解和认识一般肤浅的现象，这越发激起他对研究哲学的强烈兴趣。

卡尔的这一兴趣和行动让父亲大为吃惊。父亲此时已疾病缠身，收入减少。他担心卡尔的政治倾向会危及卡尔以后的职业前途和家庭生计，从而阻碍卡尔跟燕妮的迅速结合。他回信批评卡尔，反对他放弃法律专业而专攻哲学。

然而燕妮十分支持卡尔的选择。燕妮抛开婚姻大事的顾虑，违反双亲和公婆的旨意，坚定地站在未婚夫的一边。卡尔给父母的信中转达燕妮的态度时说："正如我唯一心爱的燕妮所写的那样，这些顾虑在履行神圣职责时会全部消失。"

卡尔对哲学研究的浓厚兴趣得到了未婚妻的理解和支持。未婚妻还表明要阅读黑格尔的著作，希望能熟悉未婚夫所要钻研的那些东西，按他的兴趣来生活。

燕妮一封又一封的信使他兴奋得彻夜不眠，他如痴如醉地钻进了哲学的殿堂……

## 10 | 寻找答案

卡尔在选定专攻哲学之前，为了迎合父亲的心意，又为迎合自己的兴趣，经历了一段漫长的"苦行"。

他在中学作文中就把个人与社会紧密结合起来，在大学学法学时又试图把理想与现实结合起来，并置于科学的基础上。卡尔在学习法学和哲学时，将法学和哲学在"现有"和"应有"的对立中统一起来，把法学同哲学结合起来，写出了300多页的"法哲学"著作，力图创造新逻辑体系。

可是，后来在回忆这段往事时卡尔这样说：

"我这个不知疲倦的旅行者着手通过概念本身、宗教、自然、历史这些神性的表现从哲学上辩证地揭示神性。我最后的命题原来是黑格尔体系的开端，而且由于写这部著作需要我对自然科学、谢林①、历史作某种程度的了解，我费了很多脑筋（因为它本来应当是一部新逻辑学），连我自己现在也几乎想不起它的思路了。这部著作，这个在月光下抚养大的我的可爱的孩子，像欺诈的海妖一样，把我诱入敌人的怀抱。"

---

① 谢林（1775—1854），德国哲学家，古典唯心主义主要代表之一。

这次哲学尝试的失败，使他感到苦恼，300多页的著作被他丢进了废纸篓。茫然之中，卡尔一时又对戏剧和文学萌发了强烈的欲望。他打算去柏林在鲍威尔和普藤堡的协助下办一个美学批评杂志，然而书商拒绝了他。他又想将自己的诗歌收入夏米索主编的《德意志诗歌年鉴》中，收到的也是"作品不能采用"的复信。

"燕妮来了信，未婚妻来了信，一封，又一封……她支持我专攻哲学，她说要按我的爱好和兴趣去生活……"

卡尔高兴地跳起来，这时才真正抛开父亲要自己成为大法学家的愿望，钻进了哲学殿堂。

于是，中学的第一篇论文所提出的问题又像走马灯一样在卡尔脑海中萦绕着：

　　为什么世界上人类的生活不好？

　　为什么许多人贫困和痛苦？

　　为什么人要做那些和自己不相干的事？

　　为什么人们不为自己做工？而替他人打工？

　　…………

卡尔把自己关进了距柏林大学很近的米特尔街61号的一间简陋的房子里，日日夜夜埋头读书，期待书中有他一直放心不下的问题的答案。

房东很满意卡尔这样的房客。这位年轻人，生活上从不打扰他们一家。

来柏林后，卡尔不再聚客酗酒，也不像其他大学生晚上常常深夜才回家。

房东喜欢常来看看他，和他闲谈，有意调节他沉闷的学习气氛。

有一次，他走到卡尔的房门前，正想敲门，突然觉得情况不对，他的眉毛忽然竖起来，睁圆疑虑的眼睛，侧着头，用心地听。

房里传出奇怪的声音，像是在敲墙壁，打地板，又像是在怒骂什么似的。房东向前伸着头，弯着腰，从锁洞里看进去——

只见卡尔的脸色也变了，从桌上抓着一些书向四下里抛，书被掷到地下，像扇子一般，一页一页地打开了……

房东刚想抽转身来，门忽然哗啦一声打开。卡尔怒气冲冲地跑出来，一边骂着，一边走到院子里。

房东心想：这孩子是不是憋疯了？他打定主意，转身向街头跑去。

过了些时候，房东带着一个医生回来。他们商量几句，两人走进了院子。

卡尔用双手捧着头，坐在苹果树下，身子左右摇晃着。

医生小心翼翼地走过去，坐到卡尔的旁边。

房东极力屏住自己的呼吸，靠着苹果树站着。

"今天的天气真好！"医生温和地说。

卡尔用乌亮的眼睛看了看医生，又转过来看了看房东那个胆小可怜的样子，微微地笑了笑。这一笑，他那沉重的黑脸更加骇人。

卡尔黯然地说："你以为我疯了？可不是哦！是因为我的头脑太清醒，能看清我读过的书里所有一切糊涂和瞎说的话。"

他又气愤地说："不合我们理智的书都是废书。遗憾的是这样的废书太多了，简直无法忍受！"

卡尔突然拉着医生的手，目不转睛地望着他，很兴奋地问道："当你周围尽是贫困和苦恼的时候，你能很安然地活着吗？"

不等医生回答，卡尔从长凳站起来，散乱着头发，滔滔不绝地说开了。

他说他一个人在那堆满了书籍和记录抄本的房间里，夜里睡不着觉。他还说他想在这些书里寻找他的问题的答案，但是找不到。可见，他多么愤怒，多么恨这些书籍。

医生点头表示同意，趁着卡尔说话的间歇插上一句，提议他回房里去。医生用心诊察了他的身体，板着庄严的面孔，说道："呵，你过分地损害了你的健康。要知道，你一定要首先保证治疗你自己的身体，然后才能援救你要援救的人。"

医生给卡尔开了一些必要的药，同时嘱咐他绝对要严格地安静休养一段时期。卡尔听从了医生的吩咐、劝告，暂时搬到柏林附近一个清静的渔村里。

离开他那"隐士的小房间"，他搬到了施特劳拉住下。

风景如画的小渔村位于施普雷河的右岸。亨利希·海涅说，这条河"涤荡灵魂，冲淡茶水"。

在这里，卡尔渐渐将他的思想整理出头绪来，发觉自己不应该那样空洞地气愤，首先一定要将哲学研究好，然后来摸索生活中一切不合理的原因，再想办法去消灭它们就比较容易了。仅凭几个月的工夫，他是做不到这些事情的。

他有时同渔民打鱼，有时同村民上山打猎，待身体好了些，才回到柏林大学。

# 11│博士俱乐部

在乡村的环境里恢复体力和精力期间,卡尔开始静心"从头到尾读黑格尔的著作,也读了黑格尔大部分弟子的著作"。

卡尔以前读过黑格尔著作的片段,但黑格尔晦涩难懂、离奇古怪的表达形式使他缺乏兴趣,他比较喜欢康德和费希特的著作。可是通过一段时间的研究,他意识到康德和费希特的著作不能帮助他解决理论探索中的难题,不能回答和解决现实生活中的问题和矛盾,而黑格尔的著作在这方面似乎更接近答案。

小渔村里,一家农户的窗口,灯光彻夜长明。卡尔挑灯夜读,再次钻进黑格尔那晦涩难懂的表达形式之中,寻找哲学的瑰宝。读着读着,卡尔总能有惊喜的收获。

惊喜之余,卡尔写了一首题为"黑格尔"的短诗:

发现了最崇高的智谋,
领会它深邃的奥秘,
我就像神那样了不起,
像神那样披上晦暗的外衣,

我长长地探索着，

漫游在汹涌的思想海洋里，

在那儿我找到了表达的语言，就紧抓到底。

··············

康德和费希特在太空飞翔，

对未知世界在黑暗中探索，

而我只求深入全面地领悟，

在地面遇到的日常事物。

卡尔终于从黑格尔的著作中找到了辩证法的奥秘，顿觉豁然开朗。黑格尔的辩证法认为，一切都互相联系，一切都处在不断的运动、变化和发展过程中，都由低级向高级发展，世界上没有永恒不变、万古长存的东西，旧事物必然被新事物代替，事物发展的原因是内在的矛盾。卡尔被黑格尔辩证法深深地吸引住了。他开始发现自己原先的观点和方法不对。他说："开头我搞的是我慨然称为法的形而上学的东西，也就是脱离了任何实际的法和法的任何实际形式的原则、思维、定义，这一切都是按费希特的那一套，只不过我的东西比他的更现代化、内容更空洞而已。……在生动的思想世界的具体表现方面，例如，在法、国家、自然界、哲学方面，情况就完全不同：在这里，我们必须从对象的发展上细心研究对象本身，绝不应任意分割它们；事物本身的理性在这里应当作为一种自身矛盾的展开，并且在自身求得自己的统一。"

一天，卡尔遇到了士官学校的地理教员鲁腾堡，他也来到小渔村散步。

他们谈起黑格尔哲学来非常投机，鲁腾堡对这位只有 19 岁的年轻人肃然起敬。

他向卡尔介绍了首都柏林的一个自由派知识分子聚会中心——"博

士俱乐部"，卡尔欣然加入了这个柏林的精神生活圈子。卡尔为养病，在小渔村度过了整整一个夏天，他回柏林大学后很快走进了"博士俱乐部"。

在"博士俱乐部"里，卡尔是最年轻的一个，大多数人的年龄比他大10多岁。活动中，他常常会遇到有才华的教授、讲师、新闻工作者、作家、律师、戏剧表演家、戏剧批评家和文学批评家，几乎所有这些人都是黑格尔的学生或崇拜者。

俱乐部成员定期在施特黑利咖啡馆聚会。咖啡馆在耶戈尔大厅和夏洛丹大街的交叉路口上，正对着一座剧院，从大学到咖啡馆只需步行5分钟。因此，大学生、教师、评论家到这里聚会特别方便，在这里还可以读到在其他咖啡馆没有的政治书刊。咖啡馆的四壁被漆成了红色。"红厅"是他们聚会的中心场所，也是自由派知识分子们进行政治问题、社会问题激烈辩论的主要讲坛。"红厅"自然成了卡尔最常活跃的地方。刚开始，前来聚会的人总对卡尔投以轻蔑的眼光，认为他谈不出什么见解。

卡尔每次在发言之前都要站起身，在室内踱几步，把他的食指按在唇边沉思着，然后激昂陈词：

"只要还有一滴血在哲学的、征服世界的、绝对自由的心脏中跳动着，哲学就永远会像伊壁鸠鲁那样向着它的反对者喝道：'那摒弃庸众听信的神灵的人，不是不敬神灵的人；那附和庸众关于神灵的意见的人，才是不敬神灵的人。'"

这时，连"博士俱乐部"的主要领导人、柏林大学的讲师布鲁诺·鲍威尔也向这位年轻的小弟弟报以热烈的掌声，立科中学的历史教员卡尔·科本感叹道："这才是从自己心中说出来的。"

卡尔往往在最激动的夜晚，会立即提笔给父亲和燕妮写信，告诉他们他参加"博士俱乐部"的经过和目的："这里在争论中公开了很多对立的意见，并且我总是紧紧地盯住现代世界哲学。"

当时的黑格尔学派已分成了左右两派。右派称老年黑格尔派，他们用基督正统思想来解释黑格尔哲学；左派称青年黑格尔派，他们坚持黑格尔的辩证法，从黑格尔哲学中做出无神论和反对专制统治的结论。卡尔赞成青年黑格尔派的哲学和政治观点。

卡尔往往有意发起频繁而激烈的争论，从而使自己的思想能与那些杰出朋友的思想进行比较。渐渐地，这位俱乐部中的"小弟弟"占据了中心位置，布鲁诺·鲍威尔竟成了卡尔的忘年交。

"博士俱乐部"也是个"文学俱乐部"，促使一时"隐居陋室"的卡尔活跃起来了。这里有许多文化名人，著名文学家阿尔宁常以个人名义举行文艺晚会，鲍威尔也酷爱戏剧艺术。在这里，卡尔还结识了歌德和在莎士比亚戏剧中以精湛表演征服了柏林人的爱德华等一些在德国很有名望的人士。

新闻记者查斯在 1846 年出版的《新时代的柏林》一书中写道：

正是在这里，在施特黑利咖啡馆里，柏林人为了议论种种新闻而聚集在一起。在这里诗人亨利希·海涅一面津津有味地吃着夹馅蛋糕，一面创作他辛辣讽刺柏林上层社会的短嘲诗；在这里二十年代的戏剧批评家们写文章评论使整个旧欧洲为之倾倒的仲塔格的才华；在这里'青年德意志'运动受到七月革命的影响而壮大起来；这里进行过关于黑格尔哲学的热烈争论；也正是在这里'青年德意志'运动的思想成为过时的现象，而《哈雷年鉴》和《莱茵报》为它们的枪炮备足了弹药；在这里柏林的新闻记者们给全德国的报刊撰写文章。可以毫不夸张地说，年轻的德国人民和新时代是在这里取得胜利的。

卡尔在"博士俱乐部"中得到了多方面的锻炼，形成了青年黑格尔派中令人印象最深刻的一个，以致在他离开柏林之后，人们还经常谈论他。1841年9月，恩格斯到柏林服兵役，在柏林大学旁听哲学课。当时卡尔已离开柏林，恩格斯从青年黑格尔派的朋友的介绍中了解了卡尔，在他与埃德加尔·鲍威尔（布鲁诺·鲍威尔的弟弟）合写的一首长诗中，对这位特里尔青年的英勇气概作了生动的描写：

049

是谁跟在他（布鲁诺）的身后，

风暴似的疾行？

是面色黝黑的特里尔之子，

一个血气方刚的怪人。

他不是在走，而是在跑，

他是在风驰电掣地飞奔。

鹰隼般的眸子大胆无畏地闪烁，

他满腔愤怒地举起双臂，

仿佛要把广阔的天幕扯到地上。

不知疲倦的力士紧握双拳，

宛若凶神附身，

不停地乱跑狂奔！

## 12 │ 哲学天才

    1838年4月的一天，卡尔又在给父亲写信，告诉父亲"博士俱乐部"发生的一些新情况和自己思想上的新进步。

    然而，妈妈的回信，却让卡尔如五雷轰顶——

    "卡尔，你父亲，你父亲去世了！"

    刚强的卡尔撕心裂肺地抽泣，泪水倾注在信笺上。

    原来，1838年1月，父亲就已卧床不起。

    2月10日，父亲艰难地嘱咐卡尔的母亲写信给卡尔，语重心长地嘱咐儿子，要过有条理的生活，节约开支，因为父亲再也没有以前那样的收入了。

    5月，年仅55岁的卡尔父亲，悄然离开了人世。

    卡尔回家办完父亲的丧事后，遵照父亲的遗嘱，很快回到柏林大学。此后，卡尔的物质生活状况日益恶化。母亲独自肩负起抚养7个子女的重担。小弟弟爱德华于1937年死于肺病。

    父亲去世的打击，使卡尔完全放弃了法学，专门从事哲学研究。母亲不理解，卡尔为什么这样倾心于"对生计毫无益处"的哲学研究。燕妮却一如既往地支持他。母亲担心卡尔找燕妮做媳妇，有"被贵人家瞧不起之嫌"，母亲对不听话的卡尔更加淡漠了。父亲的死，使卡尔和家庭的密切联系近乎中断，同时，也就中断了他和威斯特华伦家的一切联系。燕妮失去了父亲的支持，因为她同父异母的哥哥斐迪南始终不满意她和卡尔的婚姻。

卡尔想通过在波恩大学任教的朋友鲍威尔的帮助谋份职业，这样可以同燕妮结婚，并摆脱不和睦的家庭关系。可由于鲍威尔思想的激进，越来越受到政府的攻击，他自己在大学里的地位也很不稳固了，给卡尔谋职谈何容易？

1841 年初，卡尔在和家庭发生重大争执后，母亲拒绝再给他物质上的资助，卡尔不得不匆匆结束了学业。他把自己的哲学著作作为一篇博士论文，于 4 月 4 日匆匆寄往当时的德国古典主义的中心——培养了费希特、黑格尔等大批哲学家的耶拿大学。博士论文《德谟克利特的自然哲学和伊壁鸠鲁的自然哲学的差别》的第一部分阐述了研究古希腊哲学尤其是伊壁鸠鲁哲学的基本目的，以及各个时期的一些著名的思想家对伊壁鸠鲁哲学的看法，进而说明了伊壁鸠鲁哲学和德谟克利特哲学的一致性。论文第二部分主要阐述伊壁鸠鲁的原子论学说，指出它与德谟克利特哲学的区别在于：原子的偏斜，原子的质量性，原子作为本原及其可分性，原子世界的时间性和过程性等方面的不同看法。卡尔在附录中进一步阐述伊壁鸠鲁哲学的无神论性质。博士论文采用浪漫主义的写作方法，并且按照黑格尔的逻辑意识，着重考察了精神和世界的关系问题，以独特的思维和敢于向"天体"挑战的气概反映出自己崇尚自由和无神论的思想。

耶拿大学哲学系主任巴赫教授看完这篇论文后感到十分惊喜。他在 4 月 13 日就把这篇论文转给了评审委员会的其他成员，并附有这样的评语：

"谨向诸位推荐特里尔的卡尔·亨利希·马克思先生这位极有资格

的候选人……该博士论文证明该候选人才智高超，见解透彻，学识渊博，本人认为该候选人实应授予学衔。"

于是，没有在耶拿大学上过一天课的卡尔，于 1841 年 4 月 15 日被授予哲学博士学位。

不用上课，不用考试，仅凭一篇论文，就破格得到了哲学博士学位，卡尔的哲学天赋可见一斑。

他拿出父亲的照片，摆上博士学位证书，默默地告慰父亲……

丰富的知识和长久的思考，使卡尔对世界有了新的更清晰、更准确的认识。耶拿大学这份情缘，坚定了他的信念，使他对未来充满了信心。

卡尔带着博士论文和博士学位证书，满怀信心地回到特里尔城。

# 13 | 现实的困扰

回到特里尔，家里本应为卡尔这位年轻的博士高兴。可母亲见卡尔有违父志，学的是法学却拿哲学博士学位，认为他有点不务正业，深感遗憾。她本指望卡尔尽快获得学位和高官厚禄，成为家庭支柱，很显然，哲学没有成就卡尔这种结果的可能性。

卡尔在博士论文上恭恭敬敬地写着：

献给敬爱的父亲般的朋友——政府的枢密顾问官特里尔的路德维希·冯·威斯特华伦先生，借以表达子弟的崇敬之意。

卡尔还在博士论文的献词中写道：

希望一切怀疑理念的人能够像我一样幸运地赞扬一个富于青年力量的老年人，这位老年人以对于真理的热情和严肃态度来欢迎时代的每一种进步；他充满了令人深信的、光明灿烂的理想主义，这种理想主义只知道能激发起世界上一切心灵的真理；他从来不为倒退着的幽灵所拖曳着的阴影所吓退，从来不被现代的乌云密布的昏天暗地所惊倒。

相反的，他永远以神灵般的精力和刚毅坚定的眼光通过一切风云变幻而透视那在世人的心中燃烧着的化日天光。您，我的父亲般的朋友，您永远是我的活生生的证据，显明地证明着，理想主义不是幻想，而是一种真理。

卡尔把博士论文亲自送到燕妮父亲的手里。

顾问官对眼下这位年轻的博士投以赞许的目光，这目光丝毫没有了当年"老鼠叼走牙齿"的嬉戏。然而，这位自幼影响卡尔并受卡尔热爱尊敬的人，对卡尔哲学专业的前景也深感茫然和担忧。因为人是现实的，必须面对现实。

燕妮与卡尔已订婚整整5年，当卡尔获取博士学位证书时，双方家庭仍然反对他们走到一起，理由都是卡尔没有"自立"。他们一再推迟婚期，双方家庭的一些成员希望卡尔能因此知难而退。

面对双方家庭这种压抑的氛围，卡尔不再同母亲住一块了，他在特里尔找了个地方落脚。

1841年7月，卡尔来到波恩，探望在波恩大学任教的布鲁诺·鲍威尔，希望能够在波恩大学找到一份工作，当一名哲学教师。然而，他看到的是，青年黑格尔派被反动政府——逐出大学讲坛和编辑部。

卡尔只能靠鲍威尔等几位处境艰难的朋友的微弱资助，在波恩筹办《德意志年鉴》等一些激进刊物而勉强度日。

1842年1月初，燕妮父亲病重，卡尔又从波恩回到特里尔。3月3日，顾问官去世。为了帮助燕妮，分担她的痛苦，卡尔一直在特里尔住到月底。由于生活和职业的动荡，卡尔到处奔波，从波恩去科伦，又从科伦到波恩，再从波恩回特里尔。心力交瘁的他终于病倒了。燕妮因为失去亲人的悲痛，身体也被拖垮了。

身体稍见好转时，卡尔不顾燕妮劝阻又立即去了波恩，开始与青年黑格尔派的公开机关密切联系，并连续在《莱茵报》上刊载了他的 10 篇论文。文章的影响力很大，卡尔在《莱茵报》的位置也越来越重要。

1842 年 5 月，卡尔家庭再次发生不幸，弟弟海尔曼因结核性腹膜炎去世。

卡尔回到了特里尔，在家里待到 7 月中旬，因为母亲对他的怨愤未平，他在家中如坐针毡。

社会、家庭的现实困扰，使卡尔对前景一片茫然。

# 14 | 波恩求职

卡尔虽然拿到了博士学位却找不到工作，他不仅没有得到家人的同情，反而被卷入双方家庭矛盾的旋涡，只能痛苦地与亲人们"决裂"。

经济上的困顿、家庭矛盾的加剧、婚期的推延……这些都没能阻止年轻人爱情的发展，反倒使卡尔和燕妮的感情更加牢固。一种冲破世俗，走自己的路，凭自己的能力创大业的强烈进取欲支撑着这对年轻人。

1842年7月，卡尔给朋友卢格的信中提到了家里不愉快的事：

从4月以来直到今天，我总计起来大约最多只工作了4个星期，而且还是断断续续的，由于最近的丧事，我不得不在特里尔待了6个星期，而余下的时间都被不愉快的家庭纠纷分散和浪费了。我的家庭给我设置了重重障碍，使我目前陷入极为窘迫的境地，尽管我的家庭情况不坏。

卡尔写完信，想调节一下情绪，于是他又去波恩大学找朋友鲍威尔。

青年黑格尔派的激进分子都受到反动当局的压制，心中都非常沉闷。鲍威尔见到卡尔到来，内心颇为高兴。

"卡尔，不是说这回带你的燕妮小姐来吗？怎么不带来呢？"

"还是暂由新的顾问官（指燕妮的同父异母哥哥）帮我收藏好，等她老了些再带给朋友看看。主要是长得太漂亮了，太吸引人了。"

"嚯，你还怕我们抢了你的？"

"抢是抢不走的，我们都藏到对方的心里去了。"

"这也难说吧？就凭我这么有魅力的男子汉，在她面前一站，说不定也会藏到她的心里去！"

屋里顿时响起爽朗的笑声。

笑够了，卡尔才向鲍威尔说起家庭的一些琐事，说起燕妮的处境……

"有情人终成眷属。再耐心等待一两年吧，待你有了稳定的职业，活出个人样来，给那位新顾问官看看。"

"谢谢您的安慰。难道我现在就不像个人样吗？身高一米七，深褐色的眼睛，鼻子中等大小，胡须、头发乌青发亮……"

"哈哈哈……"

"我亲爱的同学，就想办法让我在波恩大学任教吧，我们也不分开了嘛！"卡尔说。

"这也要像你等待燕妮那样，要耐心等待。眼下我在这里也是自身难保啊！"鲍威尔摇头说。

"这个等待太漫长，我没有耐心，燕妮还在等待我呢。另外，我们要有一块自己的坚固阵地就好了。"卡尔说，"《莱茵报》不过是几个很有影响的富有的资产者成立的一个股份公司，虽然给我们创造了一块宣传阵地，但毕竟那还不能说是我们自己的。你的那个亲戚鲁腾堡，是我建议让他当主编的……"

鲍威尔紧接着话茬："他不能胜任这项工作，只有你干才会有起色的。"

"那样会使我感到良心不安。让他再干干吧！"卡尔又扬了扬眉说，

"不过，我们不能让人看笑话，我们要干出一番大事业来让那些古板的资产者咋舌。"

"是呀，沉默、烦躁、忧伤的老者是救不了我们的。"

"我们快乐起来，长长精神，让波恩的人为我们鼓掌吧！"卡尔提议，兴奋地站起来。

"去旅游吧？"鲍威尔说。

"口袋里厚实吗？"卡尔担心地问。

"还够花一阵子的。"鲍威尔回答。

"那就痛痛快快玩一玩再说吧！长长锐气，好干事！"卡尔说。

鲍威尔租来了两头毛驴。他们骑着毛驴四处漫游，静心看波恩的美景，纵情谈来日方长。

驴背上一阵漫谈后，又是一阵飞跑——他们散发出一身热气，似有一身使不完的劲……

对这次漫游，鲍威尔在给弟弟埃德加尔的信中写道：

卡尔，现在又来到这里。最近我和他到处纵情漫游，为的是再次享受一下所有的美景。这次旅游真是妙不可言，我们又像往常一样异常兴高采烈。在哥特斯堡，我们租了两头毛驴，骑着它们环山飞跑，驰过村庄。

波恩的社会人士像过去一样以惊奇的眼光注视着我们，我们欢呼，驴子齐鸣。

## 15 | 初会恩格斯

1842 年 11 月底的一天,《莱茵报》编辑部来了个陌生人。他是一位满头黄色头发的青年人,穿着很整齐,梳着三七分头,大方脸,目光炯炯有神,一副英俊可人的样子。

"是编辑部吗?"年轻人小心地问。

"没错,《莱茵报》。"坐在窗前抽雪茄的黑发、黑胡子青年人忙站起身回答,"有什么事吗?"

"来看看。学习。走访。"年轻人自我介绍,"我是在柏林退役的恩格斯。"

他的额上留有明显的帽痕,是一个刚脱下军服的很精神的年轻人,比黑发人高一个头。黑发人上下打量了一下这位黄发人。

"噢,恩格斯?你就是那位在诗歌里把柏林大学'博士俱乐部'的一个人比作'鹰'的那位'商人的儿子'?"黑发人忽然记起了这个名字。

"嗯,是的。"恩格斯回答,他接着打听,"卡尔在吗?"

"找他有什么事?"

"没有什么具体的事,看看他,顺便来学习你们的报纸。"恩格斯用手捋了捋额前还很不习惯的头发，停了停又说，"你们的报纸办得挺有生气，对整个普鲁士影响较大。"

"卡尔博士是我们的主编。"一旁的一位编辑闻声走了过来，并介绍道，"你好！他就是卡尔·马克思！"

"啊，久仰——久仰！你就是卡尔先生？果然名不虚传，这么年轻就当起了主编！"恩格斯听说这就是在"博士俱乐部"很有影响并且被自己描写为"鹰"的人，非常高兴。

"这么年轻，就当主编了，真了不起！"恩格斯找个地方坐下，满脸微笑，眼睛盯住卡尔，生怕卡尔跑了似的，大有相见恨晚之感。

"带来了好稿子，就给我一睹为快吧，恩格斯先生。"卡尔被来者打量得有些不好意思了。

"很抱歉，我没写稿件。我是刚满兵役期，要到英国去，经过巴门，就绕道到这里来走访你们《莱茵报》的。没想到运气不错，第一个就遇上了你，我敬爱的卡尔先生！"恩格斯痛痛快快地说，像突然遇上了老朋友，"埃德加尔早就通过他哥哥鲍威尔向我介绍过你，不简单，你的《莱茵报》是受人尊敬、喜爱的报纸呀！"

编辑部的人听说来者是主编的老朋友，客气地端来了一杯茶水。

"恩格斯先生，在还不认识我的时候，你怎么就轻易夸奖一个人呢？真是不敢当，谢谢了！"卡尔抽着烟，淡淡地说。

"因为听说你在'博士俱乐部'很有特点，是少有的才华横溢的人。"恩格斯认真地回答，又捋了一下额前的头发。

"你是商人的儿子，怎么会对我们感兴趣呢？"卡尔说。

"商人的儿子，不，不一定就是商……商人。"恩格斯有些激动，开始结巴，可一字一字沉沉的，说得掷地有声。

房屋里的空气一时凝滞了。

卡尔已读过恩格斯的文章。恩格斯反对谢林，并且用他的文章支持反动的普鲁士国家的一位教授。他在柏林大学当旁听生进修哲学，对黑格尔和费尔巴哈感兴趣，也给《雅典》写过稿，同时也是《古茨科报》"自由人"的机关报撰稿人。卡尔鄙视黑格尔说的那些脱离实际生活的"自由人"，何况来者是一位"商人的儿子"。

"你们的报纸发行量多大？"恩格斯转移了话题。

"3400 份。"

"原来呢？"

"885 份。"

"呀，4 倍！"恩格斯很惊讶。

"恩格斯先生，你真的对我们报纸感兴趣，就拿出诚意来支持我们，给我们多写一些适合我们口味的有分量的稿子。"卡尔说。

"但愿我的笔会争气。"恩格斯恳切地回答。

"我们这支笔只埋头算计着自己口袋里的几个钱，这是没有多大用的。"卡尔笑了笑说，"当然，也有用，但不会有大用。因为经常是你自己往口袋里算进，人家又以各种名目帮你算出，进口袋的钱，人家也会夺过去的！"

"很有道理。"恩格斯点了头。

卡尔独自抽着烟，忽然觉得本应给客人递上一支，但想到对方是"商人的儿子"，穿得如此整齐，就说了一句："我抽的是雪茄，你不一定喜欢，就免了吧。"

"哪里哪里，我还没学会抽烟哩！"恩格斯说，起身去看身旁的一张《莱茵报》。

"最近一期吗？我拿去车上看看？"恩格斯看看手表，用目光征寻卡尔的意见。

"真有兴趣就多拿几张吧！"卡尔说。

"谢谢！时间不早了，下次抽空再来看你。"恩格斯起身告辞。

"没什么好看的。"卡尔冷淡地说，"只来看报纸的发行量，没空可以不来。"

他们的告别没有拥抱，没有握手，只有那相互审视的陌生的目光。

恩格斯出门前还转身看了黑发青年一眼，才悻悻离去。初次相见，就是这样，平淡如水，甚至还有些敌意。但正是这次不怎么愉快的见面，开启了两个伟人不同凡响的人生历程。

青少年走近领袖人物丛书

# 16 | 主编《莱茵报》

科伦是莱茵省的经济中心，工商业发达，又有铁路。《莱茵报》是1842 年 1 月 1 日在这里创办的。青年黑格尔派的积极分子们注意了这张报纸并成了《莱茵报》的撰稿人，使它由商业性日趋转为政治色彩很浓的报纸。

10 月初，卡尔迁居科伦，10 月 15 日出任主编。

卡尔在任《莱茵报》主编的当天就写了《共产主义和奥格斯堡〈总汇报〉》一文，尖锐地批评了那些对共产主义问题所进行的武断指责。奥格斯堡《总汇报》认为，用法国贵族的命运来恐吓刚刚产生出来的德国资产阶级，是一种愚蠢的做法。一些有钱的少爷们只是想玩弄社会主义思想，他们绝不打算把自己的财产拿出来与工人均分。

卡尔认为，共产主义对当前的欧洲问题具有重要意义。随着中等阶级战胜封建贵族而成为社会的统治阶级，他们面临着享有特权的贵族在法国革命时的情况，即中等阶级要求享有贵族的特权。一无所有的阶级要求占有中等阶级的一部分财产，这是曼彻斯特、巴黎和里昂大街上引人注目的事实。英国的宪章运动，法国的 1831 年和 1834 年的工人起义，就是这种要求的反映。卡尔在《论普鲁士的等级会议》这篇文章中指出：真正的国家是人民自己活动的产物，即不是由其他人产生人民的代表，而是人民自身产生出代表权；不应当把代表权看作某种并非人民本身的特殊事物的代表权，而只应看作人民自身的代表权。

从卡尔·马克思这一时期发表的文章可以看出，他不仅提出进步的民主要求，而且在为先进的世界观而斗争。

这时马克思的观点开始从黑格尔、费尔巴哈的观点中汲取养分，实现突破，形成了自己新的世界观。《莱茵报》因此进步的世界观使其政治面目焕然一新，它尊重客观、面对现实的唯物主义倾向，在人民心目中产生了共鸣，《莱茵报》异常活跃起来。

10月15日，马克思担任《莱茵报》主编的那一天，《莱茵报》仅有885个订户，也就是说，只有《科伦日报》订户的十分之一。那时《科伦日报》在莱茵省也不怎么受欢迎。因为它带有年轻人所特有的傲慢，攻击国家和教会的现存制度，却提不出可以代替它的任何更好的报纸。然而，11月10日，不到一个月，《莱茵报》的销售量已达1820份，过了一段时间，达到3400份。《莱茵报》的影响扩展到整个普鲁士。

这个势头，使《科伦日报》感受到了威胁。

这个黑发、黑胡子的年轻主编被书报检查员死死盯住了。他要同检查员做或明或暗的斗争，又要同胆小怕事、怨天尤人的股东们周旋。他给检查员送去一些次要的材料让他删除，出版时，一些必要的文章又巧妙地同广大读者见面了。

马克思从群众捧读《莱茵报》的笑脸上，从日渐增多的销售数量上看到了自己编辑报纸的成功。他不由会心一笑，给朋友们讲述他怎样同检查员演恶作剧的细节。当时他必须连夜把清样送交检查员，以便报纸可以在第二天出版。检查员用红铅笔东勾西画之后，常常给印刷厂带来十分费时的夜班工作。

一天晚上，检查员正要带他的妻子和女儿去参加省督邀请的大舞会，但在赴会之前，他必须首先完成自己的书报检查工作。可是恰好在这天晚上，清样没有在通常的时间内送来。检查员只好等着，因为他不敢玩忽职守。差不多10点钟了，检查员非常烦躁，于是他就打发妻子和女儿先去省督那里，同时派仆人去印刷厂取清样。仆人回来报告，印刷厂已经关门了。检查员大感意外，驱车前往马克思的寓所，这时已近11点。经过长时间的敲门之后，他才见马克思在三层楼上的一个窗户里探出头来。

"清样呢？"检查员向上大声吼叫说。

"没有！"马克思朝下回应。

"啊？"

"我们明天不出报了！"

马克思砰的一声把窗户关上。

《关于摩塞尔河地区农民状况》发表出来了。

《摩塞尔记者的辩护——马克思》发表了。

…………

第二天，大量敏感文章赫然出现在《莱茵报》上，人们纷纷抢购。《莱茵报》与政府的对立公开化、尖锐化。

1843年1月19日，普鲁士内阁会议明确指责《莱茵报》是一家倾向极坏的报纸。《莱茵报》遭到查封。

马克思在1月25日给卢格写信："我对这一切都不感到惊奇。你知道，我从一开始对书报检查就抱怎样的看法。这件事在我看来只不过是一个必然的结果，我从《莱茵报》被查封一事看到了政治觉悟的某些进步。因此我决定不干了，而且，在这种气氛下我也感到窒息。即使是为了自由，这种桎梏下的生活也是令人厌恶的，我讨厌这种缩手缩脚而不是大刀阔斧的做法。伪善、愚昧、赤裸裸的专横以及我们的曲意奉承、委曲求全、忍气吞声、谨小慎微都使我感到厌倦。总而言之，政府把自由还给我了。"

查封《莱茵报》引起了群众的不满，法令通过后的第十天，即 1 月 30 日，科伦举行了群众集会。集会上公布了《致国王的请愿书》，要求取消这一法令。请愿书是秘密印刷的，在请愿书上签名的有千余人，他们之间相互传阅，并于 2 月 18 日寄往柏林。请愿书不仅来自反映进步知识分子情绪的城市，还来自农业地区。别恩堡——特拉尔巴赫和郊区的 52 名贫苦的葡萄酒酿造者，在请愿书中写道：《莱茵报》是否散布了谎言，是否诽谤了管理当局，我们不知道。但是，我们懂得，关于我们地区和我们的贫困状况，讲的都是真话，而这些真话必须讲了。"

3 月 18 日，《莱茵报》上发表了马克思的如下声明：

本人因现行书报检查制度的关系，自今日起，退出《莱茵报》编辑部。

特此声明。

马克思博士

1843 年 3 月 17 日于科伦

1843 年 3 月 31 日这一天，《莱茵报》用红色油墨印刷出版了它的最后一期。

在最后一期里，它宣告了为之而斗争的自由的信仰：

我们高举自由的旗帜出海航行，

把祸患连同锁链和皮鞭统统埋葬；

水手们不需要监视，

他们都忠于自己的职守。

让人们去说我们拿命运做儿戏，
让他们去嘲笑和谈论各种灾难吧！
哥伦布当初虽遭嗤笑，
但他毫不畏惧铺向新世界的路。

新的战斗在彼岸等待着我们，
在战斗中我们会遇到战友，
如果征途上注定要遇险——
在艰难中我们将忠于自己。

# 17 | 婚礼和蜜月

马克思离开《莱茵报》后去了荷兰。为了远离故乡，他走访母亲方面的亲戚，疏导自己同母亲的关系，并同姨父莱昂·菲力浦斯谈到父亲的遗产问题。可是回到母亲身边时，他与母亲的关系仍然十分紧张。母亲不理解马克思的政治见解，也不同意他对职业的选择，并以他违背了父亲生前要他当一名律师的遗愿等为由，仍然铁面一张。母亲拒绝给马克思生活上的接济，继承父亲的遗产也没有希望。

失业后，他急需要钱和一份稳定工作，才好同燕妮结婚。家庭资助无望，马克思想到了好友卢格，他正在办《德法年鉴》，他曾经写信给马克思表示很钦佩并请他帮助办《德法年鉴》。马克思最后同卢格达成协议，稍微转变办刊的保守观点，以马克思为副主编负责编辑工作。这样，马克思的生活终于有了保障，可以得到550塔勒的薪水，还可挣到250塔勒的出版税。

婚姻的问题终于提上日程。他给卢格写信：

我们一订好合同，我就到克罗茨纳赫去结婚……

我可以丝毫不带浪漫主义地对您说，我正在十分热烈地而且十分严肃地恋爱。我订婚已经 7 年多，我的未婚妻为了我而进行了极其激烈的、几乎损害了她的健康的斗争，一方面是反抗她的"虔诚主义"的贵族亲属……一方面是反对我自己的家族……因此，多年来，我和我的未婚妻经历过许多不必要的严重冲突，这些冲突比许多年龄大两倍而且经常谈论自己的"生活经验"的人所经历的还要多。

马克思徘徊在威斯特华伦住宅——这栋曾"收藏过他的瑰宝"的房子周围。"心上人"同她的母亲为摆脱很有权势的同父异母哥哥的歧视，早已离开了这里。马克思在特里尔小居后，无言地告别了生养他的本应充满温馨和幸福回忆的土地。

1943 年 5 月，马克思来到了莱茵河畔的一座小城——克罗茨纳赫有名的矿泉浴场，燕妮和她的母亲住在这里。

这位黑胡子青年，乌黑的波浪鬈发蓄得差不多披肩了。他里穿坎肩，外披长翻领风衣，离开了《莱茵报》，却依然是一位风云人物。

虽然燕妮也不完全理解他的斗争和思想，但她担心马克思卷进政治斗争，难免遇到危险。她给马克思写信：

亲爱的，如今你甚至卷进政治里去了，这是最危险的。小卡尔，你时刻要考虑到：你家里有一个爱人，她正期待着你，惦念着你，她与你休戚相关。亲爱的，我的心上人，我是多么想见到你。

唉，亲爱的，多少个不眠之夜，我想念着你和你的爱，我是多么经常地为你祈祷，为你祝福，祈求福祉降临你头上，然后，做着回忆过去和未来的幸福的梦，这又是多么甜蜜。

"我回来了！我亲爱的！"马克思的到来，让燕妮无比兴奋。

马克思决定尽快结婚，并带燕妮离开德国侨居国外。按照当时的习俗来说，这是前所未有的婚姻。父亲是政府的顾问官，兄长斐迪南·冯·威斯特华伦是普鲁士内政大臣。贵族出身、年华似锦的燕妮，又被公认为特里尔最美丽的姑娘、"舞会的皇后"，求婚者不乏其人。毫无疑问，燕妮可以缔结一门荣华富贵的婚姻。但她蔑视封建社会和资产阶级社会的一切传统观念，慧眼独具，7年前就把自己许配给一个普通市民阶级的子弟。眼下，这位没有固定职业而四处流荡的博士，毅然放弃了普鲁士请他做官的机会，要侨居国外。可想而知，他们将面临怎样的困境。

然而，为了圣洁的爱情，他们苦苦等待、相思了7年多，燕妮携母亲甚至同自己的"虔诚主义"的家庭发生了严重的冲突，马克思也几乎失去了母爱。他们都已吃尽了各种苦头，却义无反顾。

"我们马上结婚，永远不再分开！"马克思提出愿望。

"马上结婚！结婚！"燕妮点头。

岳母也终于答应了。

1843年6月12日，马克思和燕妮由证婚人主持，在燕妮母亲的克罗茨纳赫的住宅里签订了"婚约"：现在科伦的哲学博士卡尔·马克思先生和现住在克罗茨纳赫的燕妮·冯·威斯特华伦小姐缔结婚约。

6月19日，马克思和燕妮梦寐以求的一天终于来到了，他们在著名的克罗茨纳赫浴场举行了简单而庄严的婚礼。

大街、浴场出现一对身着盛装的青年男女，他们的风姿令人羡慕。男子满头卷曲的乌发，胡须发出淡青色的亮光。他手挽着一个娴静、姿色出众的深棕头发的姑娘，在阳光艳丽的小城里徜徉着……

河边枝头的鸟儿也飞到这间河畔的新房，透过红色的窗帘，窃听那动人的呢喃情话。

虽然婚礼十分简朴，但是在他们后来往来的信中，可以了解到，这场婚礼是他们爱的见证和最美好的回忆：

诚然，世间有许多女人，而且有些非常美丽。但是哪里还能找到一副容颜，它的每一个线条，甚至每一条皱纹，能引起我生命中的最强烈而美好的回忆？

我非常清楚，我们永远不会孤独，而我的命运又很好，我是少数幸福者中的一个，因为我的旁边有我的亲爱的丈夫，我的生命的支柱。

蜜月里，他们在燕妮的母亲和弟弟埃德加尔的陪伴下去新婚旅游。

燕妮的母亲给了这对新人一笔度蜜月的钱。他们带在身边，放在了一个箱子里，用这笔钱付了车马费，住了旅馆，还去看望了沿途几个生活拮据的朋友。

钱箱子很快就被朋友们拿空了，但这对新人从来没有如此快活和殷实。

# 18 | 到巴黎去

马克思退出《莱茵报》编辑部以后，准备去国外创办新的杂志。

他认为最合适的地点是巴黎，因为巴黎是当时欧洲革命的中心。那里聚集着各国的许多革命者，特别是德国的一些革命者。马克思希望通过创办杂志，把德国和法国的革命者团结起来，共同从事革命活动，所以他把杂志定名为"德法年鉴"。马克思的目的十分明确，就是准备在巴黎出版《德法年鉴》，然后秘密运回德国境内发行。

马克思同卢格商定了出版杂志的计划，对于相关的细节也做了充分准备。卢格很有钱，他同意出资共同创办这个杂志。正当创办杂志的工作准备就绪的时候，普鲁士政府改变了手法，他们请来一个说客，企图以名利收买马克思。

1843 年初的一天，也就是普鲁士政府查封《莱茵报》法令通过不久，一个陌生人突然来到《莱茵报》编辑部大大咧咧地要找主编。

"马克思先生在吗？我是他父亲生前的朋友，叫埃赛尔。"

埃赛尔已是普鲁士首席监察枢密顾问官高级官员，马克思很快记起了他。

"不久《莱茵报》要查封停办，出于与你父亲的友谊，也是根据普鲁士政府意图，我来请你去担任《鲁普士国家报》的撰稿人。"埃赛尔用不容商量的口气说。

"叔叔，感谢您对我父亲的怀念和对我的爱护。"马克思一边说，一边看了看带在身边的父亲的银版照片。

"小卡尔，你马上做个简单移交，今天就可以跟我走。"说完，埃赛尔满意地笑了。

"不，叔叔。《莱茵报》真要被查封，我还能登《普鲁士国家报》大雅之堂吗？那不合适。"马克思认真地说。

"没有问题，如果不合适的话，我也不会特意来请你。孩子，国家报纸的撰稿人，既有显赫的位置，又有一份固定的收入。"老人恳切地说，"我们老了，要看你们年轻人的了！"

不用说这个职业所带来的社会地位，就是固定收入这一项也是十分诱人的。这可以为马克思举行隆重的婚礼创造更好的条件，从而使他心爱的燕妮得到更多的安宁和幸福；加上燕妮的哥哥在普鲁士政府已有了重要地位，这能使卡尔结婚成家后在政府里谋个更好的职位，对于他来说是一个跳板。

可是，马克思不这么想，尤其是一想到燕妮同父异母的哥哥就更心烦起来。

"叔叔是一片好意。但有人想要收买我，让我不说真话。这怎么能办得到？"马克思说得有些激动，"叔叔，不封《莱茵报》行不行？我退出编辑部总可以了吧？"

顾问官一时不知说什么好。

"请叔叔放心，我退出《莱茵报》，也不去国家报工作，相信我，我不会给父亲和父亲的朋友脸上抹黑！"

顾问官无可奈何，只好悻悻离去了。

马克思拒绝了政府的委任。为了忠实于自己的理想——为人类而工作，为大多数人谋利益，他咬住牙关，挺住各种困难，像普罗米修斯那样，宁愿被缚在崖石上，也不做宙斯的奴仆。

到巴黎去！到"新世界的首都"去！

他给卢格写信："到巴黎去吧，到这个古老的哲学大学和新世界的首府去吧！必须做的事情一定可以做到。所以我毫不怀疑一切困难都能克服，困难之大我是完全知道的。"

1843 年 10 月底，这对年轻的夫妇放弃了在德国唾手可得的荣华富贵，来到了异国他乡——法国巴黎，随同的只有女佣人琳蘅。他们很快就把家安置在巴黎瓦诺街 38 号。

巴黎是座拥有 33 座塞纳河大桥的城市。燕妮和马克思喜欢这座城市，他们觉得再没有一座城市能有这样漂亮的街道和富丽堂皇的建筑了！这里有不少哥特式艺术的建筑物：巴黎圣母院、圣保罗教堂；很多高等学校所在地的拉丁区，坐落在塞纳河右岸的先圣祠，以及市政厅和商场；还有宽阔的林荫道、大广场和建筑物；河的北岸有卢浮宫和具有历史意义的土伊勒里宫，有总统府所在地的香榭丽舍大街，有凯旋门所在的星形大广场。

可马克思不是带妻子来巴黎观光的，他来的主要目的是在这里尽快出版和发行这样用"一种主张彻底改造社会"的刊物——《德法年鉴》。

一天，这对年轻的夫妇走过市政厅的时候，碰巧遇上一阵暴风雨。燕妮和马克思在暴风雨中欢快地跑起来，后来他们在路易·菲力浦大桥旁、格勒河岸才停下来，站在雨中，屏息凝神地观赏着风雨奇景。

他们安详地在大雨中慢慢走过大街，并从波旁河岸拐到圣路维希岛，这时天空电闪雷鸣。塞纳河对面奥姆岸上矗立着一长串灰色的房子，它们彼此不同的屋顶互相掩映，显出清晰的轮廓来。市政厅的青色石板屋顶和圣保罗教堂的包着铅皮的半球形屋顶被暴雨冲刷得闪闪发光。

他们俩走着走着，只差几步路就到了住所。可马克思还挽着燕妮在雨中漫步，不留意下雨的事，他的思想又回到了《德法年鉴》上。

"你知道吗？最近谁寄给了我一篇好文章？"他突然问。

燕妮摇了摇头，雨珠从帽子上淌了下来，眼前一片模糊。

"恩格斯！就是那个'商人的儿子'，他住在曼彻斯特。他的文章确实可以用，是研究古典政治经济学不可多得的文章，正如他自己说的，他的那支笔确实非常争气。我将把他的文章放在我年鉴的第一期上，可以看出这位'商人的儿子'非常透彻地认识到了无产阶级的历史使命，非常难能可贵啊！"

燕妮认真倾听着，默默地依偎着马克思。当一位打伞的女人与他俩撞个满怀，这时他们才发现早已在雨中走过了自己的住宅。

"卡尔，你知道吗？"燕妮快活地说，"我在家乡非常压抑，度日如年，十分孤独。我在这美丽的巴黎才知道自由自在的可贵，体会到了人间的乐趣和幸福！"

在巴黎的头几个月里，马克思把大部分时间都花费在《德法年鉴》的编辑出版等具体的准备工作上。由于卢格生病，编辑的工作几乎完全由马克思独自承担。1843 年年底，出版的准备工作基本完成。1844 年 2 月，《德法年鉴》出版了第 1—2 期合刊（创刊号）。马克思是这期刊物的主要撰稿人。

创刊号以马克思和卢格的通信开头，发表了马克思 1843 年 3 月至 9 月写的《致卢格的三封信》《论犹太人问题》《〈黑格尔法哲学批判〉导言》等文章。在这些文章中，马克思把政治解放与人类解放区分开来，他认为：政治解放就是资产阶级革命，只能使人民摆脱封建的束缚，实现资产阶级的民主自由，由于它不消灭私有制，因而是不彻底的；人类解放则要通过消灭各种剥削和压迫，使人们从现代社会的弊病中解放出来。由此可见，马克思已经从唯心主义观点转到唯物主义观点，并且已经从一个革命的民主主义者转变为共产主义者。文章以其对革命形势的深刻分析和对劳动人民革命前途的信心，很快就从巴黎影响到德国。

马克思主编的《德法年鉴》杂志一出版，普鲁士当局就慌了手脚。普鲁士当局通令各省省长严守国境线，用一切手段阻止这一杂志入境。反动政府无法在巴黎抓到马克思，但在莱茵河的汽艇上，在德国和法国的边境线上，警吏搜出好几百本《德法年鉴》并将其没收，致使马克思的经济状况陷入极为艰难的境地。

《德法年鉴》只出了创刊号，马克思和卢格之间就产生了原则上的分歧。

卢格不同意马克思使《德法年鉴》具有民主精神和共产主义倾向。他说最糟糕的就是那些德国共产主义者，他们想解放全人类，还想通过财产公有和公平分配的办法来消灭私有制。马克思在《〈黑格尔法哲学批判〉导言》一文中号召无产阶级群众争取实现"人类的解放——共产主义的社会制度"。

革命杂志刚刚问世，就受到外部和内部双重打击。由于多方面的原因，这个杂志只出版了一期就不能再出版了。沉重的打击并未使马克思灰心丧气，他准备投入更大的精力，继续宣传他已经初步形成的新的世界观。

## 19 | 聪明的琳蘅

普鲁士当局不但没收了在德国发行的《德法年鉴》，还下令，只要马克思、卢格和亨利希·海涅一踏上普鲁士国土便立即予以逮捕。

这时，胆小怕事的卢格被马克思编出来的这个号召公开革命的刊物吓倒了，他撕毁了和马克思签订的出版合同。尽管他经济条件相当富裕，却拒绝付给马克思应得的工资。

马克思陷入了家庭经济危机。

困境中的燕妮对于马克思更加体贴、安慰，他们以童年的梦幻——永远在一起生活，作为最大的满足。到了月底，马克思不得不拖欠佣人琳蘅的工资，这对马克思是个极大的痛苦。每当琳蘅走进房间的时候，他就很不自在，觉得脸在发烧。

"对不起，琳蘅，这个月的工资不能及时付给你。"马克思说这话时，都不好意思看她一眼。

可她连连说："我们不谈这件事，不谈这件事，我现在不需要钱用，你用不着介意。"

琳蘅对马克思和燕妮怀着极大的尊敬。她是摩塞尔一个农民的女儿，自幼在燕妮的家里，与燕妮如亲姐妹一般，以致她自愿追随这对相恋多年的夫妇，过着流亡的生活，必要时她自然会想到放弃自己那份工资。

顽强、贤惠、聪敏、朴实的琳蘅有着井井有条的思想和节俭的美德，在极其艰苦的日子里，她也能调理出可口的菜肴端上餐桌。她敬佩青年博士不倦的工作能力和过人的智慧，但也了解他急躁的脾气和其他一些缺点，她用女性特有的聪颖为他安排生活，代他打理着经常遇到困难的家庭。

正是因为这些，马克思很欣赏她。马克思不愿意看到她对他的谄媚，而愿意听到她直接对自己的批评和建议。

琳蘅端来一碗热气腾腾的菜汤放到桌子上的时候，马克思总是说："我们善良的琳蘅懂得在最困难的情况下处理一切，几天来我们家里一文钱也没有了……"

当她见马克思显出一副难过的神色时，她知道他不是因为菜汤味道清淡的缘故，而是烟瘾又犯了。这时，琳蘅常常微笑着从围裙的口袋里掏出满把的雪茄放到主人面前的烟碟里。

琳蘅轻快地说："看，我有雪茄。"

马克思立即露出愉快的笑容，他虽然知道自己囊中羞涩，还是满怀希望地到外衣口袋里去掏，结果只能意味深长地耸耸肩，哑然地笑了："琳蘅，对不起！"

饭后，满屋子立即充满了浓浓的烟雾。马克思又愉快地钻到书堆里去了，开始对这个社会主义思想中心——法国的革命历史，深入研究起来，还要抽空伏案给在巴黎出版的《前进报》写文章。

1844 年 4 月 30 日，马克思和燕妮在巴黎的好友——著名诗人亨利希·海涅，他因《前进报》的事来到他们家里。

燕妮因怀孕已卧床两天，她不能陪客人。琳蘅代燕妮招待客人。

虽然马克思与海涅近来都诸事不顺，但两人在一起还是相见甚欢。尤其是琳蘅搬来棋盘，她自告奋勇地向海涅请战，使海涅棋逢对手，他们很久没有这么痛痛快快地"杀"一场了。

最后，诗人海涅愉快地离开了。

"时候到了，快去找助产师！"琳蘅在客人离开后悄悄地告诉马克思。

马克思极兴奋地抚摸燕妮圆滚的大肚子，贴耳倾听孩子的声音。他跳起来，拍着手说："孩子在叫爸爸了！"

燕妮甜甜地笑着。

1844 年 5 月 1 日，马克思家里添了一个成员，小燕妮诞生了。

小生命降临在马克思家庭经济受困的非常时期。

琳蘅站在厨房里束手无策，钱用完了，商人又不愿意给一个陌生的外国人赊东西。她冥思苦想，想到了自己的旅行袋，在她的换洗衣服下面还有几件从家乡带来的自己亲手绣制的纪念品——绣花围裙。她细心地挑了两件，送到当铺换了钱。

然后，她给孩子买了食品，又给马克思买了雪茄。

对马克思在《前进报》上发表文章，德国政府又不安起来，他们同法国政府交涉成功。法国下令驱逐马克思出境。

马克思不得不离开巴黎，离开前他对家中的事情做了安排。

燕妮因情况特殊只能留在巴黎。燕妮要琳蘅到当铺把她陪嫁的一些银刀叉等餐具典当了，凑足盘缠让马克思离开巴黎。

因钱的问题，马克思十分难受，只能给琳蘅回家的路费，工资还给不了。

与琳蘅分离，这是万不得已的事，他和燕妮都感到非常难过。

当燕妮含泪告诉琳蘅他们不得不分离的时候，琳蘅却很镇静。琳蘅没有打算再找工作，她知道了马克思要去的地方，秘密地带着她的行囊，悄悄去了比利时的布鲁塞尔。

# 20 | 与恩格斯的初次合作

《德法年鉴》停刊后，马克思获得了时间，他利用巴黎的学术活动在图书馆研究法国革命、历史和人类文化遗产。他扑进浩瀚的书海里，经常连续三四个通宵不休息，写了9册《巴黎笔记》，其中5册是写经济方面的。

这期间，马克思用主要精力研究政治经济学，特别是资产阶级古典经济学。他研究恩格斯发表在《德法年鉴》上的《政治经济学批判大纲》一文，并按恩格斯提供的线索，研读资产阶级古典经济学的主要代表亚当·斯密的《国富论》，研读大卫·李嘉图的《政治经济学及赋税原理》，还研读萨伊·斯卡贝克、麦克库洛赫、托拉西等人的著作，并做了大量的摘录和笔记。

《德法年鉴》编辑出版合同撕毁后，马克思在家庭经济上又一次受困。但德国科伦的朋友得知他的处境后为他发起了募捐，很快给他寄来了1000塔勒和800法郎，以补偿普鲁士没收他的刊物的损失，帮助他摆脱了经济上的债务。

1844年8月下旬的一天，恩格斯在从英国返回德国的途中，转道巴黎拜访马克思。

这次，站在马克思面前的，是一个手里拿着大衣帽和手杖的黄发青年人，他一对灰色的眼睛间隔得很开，目光是那么直率、好奇和勇敢。马克思好像是第一次发现来人的皮肤纯净白皙，他有着一张大嘴和两个大鼻孔，精心修剪的栗色小胡子和淡褐色的浓发朝两边分开，鬓角连着长圆脸两边的窄窄的一圈络腮胡，肩膀宽阔，个子高而瘦，穿着非常讲究。马克思发现自己实际上挺喜欢他。

这对分别生有黑头发和黄头发的青年人，自从上次见面后便开始了书信联系。恩格斯寄来的文稿渐渐使马克思对这位"商人的儿子"刮目相看，并为自己第一次见面时对他的冷落深怀歉意。

恩格斯看到了马克思滚滚波涛般的卷曲黑发盖着极漂亮的前额，黑眼睛里射出十分动人的愉快目光。一只黝黑、厚实的手和一只白皙、修长的手紧紧握在一起。

这次见面，马克思有了一个家，马克思和家人热情接待了这位从远方赶来的客人。

燕妮忙着倒葡萄酒，端咖啡。马克思和恩格斯面对面坐着，十分投入地谈着话，连燕妮过去倒那堆满雪茄烟蒂的烟缸时，马克思也没有发现。马克思将冒烟的烟蒂丢在了原先放烟缸的桌面上，结果引得两人大笑。

恩格斯也是普鲁士莱茵省人，比马克思小两岁，1820年11月28日出生于巴门的一个纺织工厂主家庭。他父亲是个笃信宗教、思想保守的资本家。恩格斯中学没有毕业就迫于父命去不来梅学习经商。他利用业余时间刻苦自学，研究历史、哲学、文学、语言学和外国语。早在中学时代，他就接受了民主主义思想的影响，在不来梅这个自由城市广泛接触了国外的进步思想。1839年，他就开始为激进主义文学团体"青年德意志"的机关报《德意志电讯》撰稿，开始同封建专制制度和宗教蒙昧主义做斗争。他在《乌培河谷来信》一文中用耳闻目睹的事实揭露封建专制社会的黑暗，批判宗教虔诚主义的伪善，谴责工厂主对工人的残酷剥削，深切同情劳动人民的疾苦。1841年9月，恩格斯去柏林服兵役，在柏林大学旁听哲学课时就结识了青年黑格尔派，积极参加了同唯心主义哲学家谢林的斗争，写了《谢林论黑格尔》《谢林与启示》《谢林——基督哲学家》三篇著作，揭露了谢林妄想使哲学再度变成"神学奴婢"的企图和为普鲁士专制制度辩护的反动立场。当时，恩格斯在费尔巴哈的影响下转向了唯物主义。唯物主义是他与马克思共同合作的哲学基础。

恩格斯在资本主义最发达的英国生活了将近两年，看到了资本主义的各种尖锐矛盾，详细调查了英国工人的生活和斗争，参加了英国的工人运动。他还深入研究了英国资产阶级经济学家和空想社会主义者的理论。这期间，他从革命民主主义者转变成了共产主义者，共产主义是他与马克思共同的追求。

正是这些共同点，马克思在巴黎，恩格斯在曼彻斯特不约而同地得出了科学共产主义的基本结论。恩格斯已经认识到：社会经济关系在社会生活中起着决定作用；资本主义社会一切矛盾的根源是私有制；完成解决这个社会基本矛盾的历史使命的力量是无产阶级。这些观点与马克思的观点不谋而合，这使马克思认定恩格斯是自己志同道合的战友。

这次，恩格斯在巴黎留居了10天时间，马克思同他形影不离。短短的10天，马克思介绍他认识了许多在巴黎的工人运动活动家，同时还带他一道参加了巴黎的工人社会主义革命者集会。10天的倾心交谈和共同战斗，增进了彼此的了解。两人虽然各自走过的道路不同，但对一切重大问题的看法完全一致。

于是，他们制订了今后共同行动的计划。他们开始动手合著第一部著作——《神圣家族，或对批判的批判所做的批判》。恩格斯在马克思的家里就已完成了他应分担的7节。马克思在恩格斯离开巴黎后，又花了 3 个月时间完成了这部著作。这部著作标志着他们共同创立科学共产主义理论的开始。

燕妮给他们倒茶、倒咖啡时，总爱在他们畅谈的房间里停留一会儿，她被他们兴致高昂的气氛所感染。这些日子，她也兴致勃勃，无忧无虑。她发现这位黄头发的客人不像其他绝大部分的流亡者那样身无一文，到这里来常常只是为了吃饱肚子。恩格斯完全不一样，他不仅给了她足够的钱采购食品，临别时还留下了礼物和一把法郎给他们做生活经费。

客人离开后，燕妮故意问马克思："这就是那个你常给我提起的'商人的儿子'弗里德里希？"

"这个弗里德里希可不是那个弗里德里希呀！"马克思高兴地擦着手掌说，他引出两个"弗里德里希"，暗示的是可恶的德皇。"这个弗里德里希是一个很有学问的天才著作家！他很可能成为世界上第一流的学者！"马克思说。

这 10 天，马克思在恩格斯的记忆里也同样留下了深刻的美好回忆。恩格斯来信说："我还从来没有过像在你家里度过的 10 天那样愉快的心情，感到自己是个真正有意义的人。"恩格斯通过马克思浓郁的生活情趣，认识到马克思是位名不虚传的在政治和学识上都了不起的人物，是他人生难逢的知己。他在信中也预感到这位黑胡子博士是有能力给受剥削的无产阶级带来光明的人……

# 21 | 流亡布鲁塞尔

1845 年 2 月 3 日，马克思离开法国，来到了布鲁塞尔。

布鲁塞尔自 1830 年以来，一直是比利时的首都。马克思到来时，布鲁塞尔已笼罩在浓雾中。高耸入云的大钟楼和许多小钟楼以及哥特式的市政厅，淹没在灰白色的烟霭里。

这时，马克思已结束了《神圣家族，或对批判的批判所做的批判》一书的修改工作，手稿也已送交家乡莱茵河畔法兰克福的出版商。接着，他又和巴黎的出版商列斯凯签订合同，出版两卷经济学著作《政治和政治经济学批判》，但都还没有拿到稿酬。可是除了稿酬以外，马克思没有任何其他经济来源。

马克思正为囊中羞涩而发愁。

这时，他随手打开身边的笔记本，发现燕妮在其中一页给他写好了该办的事情和一些建议。细心的燕妮知道丈夫整日忙于思考自己的问题，身边又没有佣人，对家务事也很不在行。

马克思拿着便条看了又看，想起妻子，想起孩子……心里很不是滋味——这种流亡的日子简直像乞丐一般，唯有妻子的话能给他一些安慰：

关于装扮方面我说几句话。今天早上我在商人沃尔费那里看见了许多新来的花边，如果你没法请别人给我挑选或是花高价钱买的话，那么，亲爱的，请你让我自己去买吧。至少在目前我的确宁愿什么也不买，好把钱留作你的路费。亲爱的，我很快又会在你身边了，那时候就什么都可以一起去买了。如果是买上当了，那也可以两个人一块儿难受。

可是，钱呢？

两个月了，还没找到住的地方，马克思还住在圣居杜尔广场12号布瓦索瓦日旅馆里。虽然旅馆是低档的，但对于马克思来说也是一个负担。

一天，就在陷入绝境时，马克思突然收到恩格斯寄来的钱和信。原来恩格斯一听到他被驱逐的消息，就立即想办法接济他。恩格斯还在信中写道：

因为我还不知道，这些钱够不够使你在布鲁塞尔安顿下来，不言而喻，我是万分乐意把我的第一本关于英国的书（《英国工人阶级状况》）的稿酬交给你支配的。这本书的稿酬我不久至少可以拿到一部分，而我现在不要这笔钱也过得去，因为我会向我的老头借钱。至少，我不能让那帮东西因为用卑劣手段使你陷于经济困境而高兴。

原来，马克思收到的是恩格斯寄来的《英国工人阶级状况》一书的第一笔稿酬。马克思很感动，手在颤抖，他把信看了一遍又一遍。泪水流进胡须里，挂在黑色的胡须上，痒痒的，让那两片失去血色的嘴唇绽出了笑意。

这时，门响了。门开了，进来的却是琳蘅，马克思十分吃惊。

"琳蘅，你怎么来了？不是要你暂回摩塞尔吗？"

"我半路又转过来了。"琳蘅有些羞怯地说，"我不想离开你们，燕妮还在巴黎，你一个人出来，身边没个人照料怎么行？我想你没日没夜地写作，会饿坏的……"

"好了，好了，我的好琳蘅！"马克思高兴起来了。

"我就一辈子跟着你和燕妮姐，没有钱，可以不付我的工资。"琳蘅高兴地看了主人一眼，又耷拉了头，脸上泛着红晕，露出两个朴素而美丽的酒窝。

"你帮我们料理家务，带孩子，是非常辛苦的，我们非常感谢你！总觉得欠下你的工资不好意思，想让你先回去一段时间，我们自己克服着过，待我们经济状况好起来了，一定请你回来。"马克思向她解释说，"燕妮知道你到这里来吗？"

"她不知道，我怕她知道了，不让我来。"琳蘅回答。

好在这次还有忠实的朋友亨利希·毕尔格尔斯，同马克思一块来布鲁塞尔，并与马克思住在一个旅馆。

"哟，琳蘅呀，一个人来找我们卡尔博士？你不怕你燕妮姐说你吗？"

毕尔格尔斯听到他俩在说话，从外面进门来，劈脸就说了句笑话。

满屋子爽朗的笑声，这是一段时间以来，难得的轻松愉快的笑声。

毕尔格尔斯同海涅一样，经常到巴黎马克思的家里聚谈，同琳蘅与马克思一样熟识。

在这个倾心相投的大家庭里，就正如马克思刚交稿付印的《神圣家族，或对批判的批判所做的批判》中所论说的：有意识的生命活动把人和动物的生命活力直接区别开来。正是由于这一点，人才是类存在物。

琳蘅这位农民的女儿，也很爱马克思，爱他的为人，爱他山一般的男子气质，更爱他对事业追求的热情。同时，她也一样爱着如同亲姐姐的燕妮。

她自幼看着马克思夫妇相濡以沫，真诚相爱，苦苦相恋多年……

这种环境似乎净化了这个本来就纯朴的农村女孩的心灵，只求这对圣洁的主人——好人一生平安，除此以外，她似乎已别无所求。

跟马克思见面后，琳蘅于 4 月初找到了在巴什柯街 35 号的一处房子，并租了 1 个月。由于租金有点贵，她又于 5 月初在低廉的工人住宅区的同盟路 5 号找到了另一套房子，与马克思安顿下来。

# 22 │《德意志意识形态》

燕妮廉价出售了部分家什衣物换来些路费，带着未满周岁的小燕妮从巴黎来到布鲁塞尔。

燕妮、孩子和马克思、琳蕙终于又团圆了。

这对年轻的夫妻热烈拥抱后，燕妮被写字台上厚厚一沓《关于费尔巴哈的提纲》的手稿吸引了，心疼地说："卡尔，你太勤奋了！"

"让你一个人带着孩子，你也不容易。"马克思抚摸着燕妮显得憔悴的脸颊，又在小燕妮的脸上轻轻地吻着。

燕妮同琳蕙相对着，含着泪花，紧紧拥抱在了一起。全家人久别重逢的喜悦心情使他们忘掉了一切烦恼。

燕妮到来的最初几天，马克思放下工作，带着夫人到风景优美的布鲁塞尔游览，从小小的街道一直逛到郊区。这对年轻伉俪在美丽的绿色树林中徘徊，在绿穗茵茵的田野漫步，像孩子一样开心。

这些天，在散步的路上或在家里，马克思常常同燕妮谈论当前的形势。

马克思说："你好好观察当前形势，世界上到处在动荡。工人们再也不能忍受命运带来的更多灾难，他们准备捍卫自己，反对工厂主和地主的剥削。工人们有充分的权利这样做。"

燕妮提醒马克思注意去年西里西亚纺织工人起义的事，她说："资本家在那里加倍地剥削工人，有一定市场的投机家大批收买他们的商品，特别是地主要求增加完全非法的租税，这是多么可耻的事。这个地区差不多有半数的居民因饥荒而死。"

"燕妮，我亲爱的，人们是不能用空想社会主义者所想象的方式去消灭剥削的。只有一条出路：无产阶级的一切力量在一个革命政党的领导下组织起来，推翻资产阶级的统治，建立自己的国家。这个政党本身必将是被压迫群众的领袖。"马克思本来与燕妮安静地对坐着，现在他站起身来。燕妮也畅谈己见，慷慨激昂。这使马克思喜不自禁，在房间里兴奋地踱来踱去。

"那么燕妮，你懂得我的想法吗？你理解我的理论和我的革命活动是不可分开的吗？没有一个无产阶级政党，那就不可能改变社会关系。"马克思又在房间里急速地来回走着。

燕妮牢牢地抓着他短衣的袖子，低声说："恩格斯很快就要来了。我想，你将找到一个比我更好的合作者。"

1845 年 4 月，恩格斯毅然离开他父亲的公司，也来到布鲁塞尔住下了，恩格斯成了马克思的邻居。

来到布鲁塞尔的第二天，马克思就向比利时国王列奥波特一世递交了一份申请书，请求批准他在比利时的居留权。为了得到批准，马克思拿出了与出版商列斯凯签的一份合同和一份表示不发表有关政治问题的文章的声明。不久，马克思定居布鲁塞尔的申请如愿获得批准。

寓居布鲁塞尔初期，马克思由于和比利时政府签了协定，因此较少从事政治活动，而将大部分时间用于从事理论研究。他进行研究活动，目的只有一个，就是深刻反思"德意志意识形态"，并论证科学社会主义和共产主义理论，于是有了《关于费尔巴哈的提纲》。这些提纲在 3

月的时候，也就是差不多在恩格斯完成了《英国工人阶级状况》这本书的时候才起草的。

恩格斯来到布鲁塞尔后，马克思又着手研究新的著作。他同恩格斯设法弄到了去英国的旅费，一块去了曼彻斯特——恩格斯在英国居住的地方。通过恩格斯的帮助，马克思扩大了同那里的工人的接触，深入研究英国工人运动的经验，后又去了伦敦，同"正义者同盟"成员和宪章运动的领导人讨论成立国际民主联合会的可能。一个半月后，他们才返回布鲁塞尔，回到布鲁塞尔郊区。

马克思不顾出版商列斯凯的催稿，放弃了《政治和政治经济学批判》的写作，恩格斯也把写作《英国通史》的任务暂时搁置一旁，他们集中精力合作撰写《德意志意识形态》这部重要著作。

为了写出这部巨著，工人住宅区的这对邻居的灯光常常通宵长明。有时，恩格斯干脆同马克思同桌伏案，马克思写，恩格斯抄，恩格斯在抄的过程中会直言不讳地提出一些问题来，这样可以直接修订成正稿。恩格斯也时不时对马克思难以辨认的潦草字迹进行调侃。每当此时，两人立即相对并会心地大笑起来。马克思的笑声很响亮，有时不仅吵得家人不能安睡，还不时惊扰了邻里。

《德意志意识形态》批判了费尔巴哈唯物主义的直观性和他的唯心主义历史观，彻底清算了青年黑格尔分子布鲁诺·鲍威尔和无政府主义者麦克斯·施蒂纳的主观唯心主义，深刻揭露了"真正的社会主义者"的假社会主义面目。这部著作第一次以比较完整的系统的方式阐述了辩证唯物主义的历史性和科学共产主义理论，完成了历史观上的一场革命。

遗憾的是《德意志意识形态》完稿后，一直没有找到出版商。马克思幽默风趣地说："既然我们已经达到了我们的主要目的——自己弄清了问题，我们就情愿让原稿留给老鼠的牙齿去批判吧。"

1846年2月，马克思同恩格斯组织居住在工人住宅区的毕尔格尔斯、赫斯夫妇、塞卫斯提安和戴勒尔，在这里办了一个规模不大的德国通讯社。后来通讯社还来了几个波兰和比利时的朋友，其中有档案管理员日果。燕妮的弟弟埃德加尔也是通讯社成员。后来，威廉·沃尔弗（鲁普斯），德国著名的空想共产主义者代表魏特林也来到通讯社。在德国共产主义通讯社的努力下，世界上许多地方很快发展成立了其他共产主义通讯社。

　　在马克思、恩格斯的领导下，布鲁塞尔共产主义通讯委员会成立了，并逐渐成了当时共产主义运动的思想中心，提高了各国共产主义者和先进工人的思想觉悟，加强了他们之间的团结，在思想上和组织上为创立无产阶级政党做了准备。

# 23 | 天鹅之家

随着形势的发展，从 1846 年开始，马克思走出书房，参加各种社会活动，同非无产阶级思想作斗争，直接向工人宣传共产主义思想。

1846 年 3 月 30 日，马克思和恩格斯召开布鲁塞尔通讯委员会会议，讨论如何组织共产主义理论宣传的问题。会议在马克思的家里举行，参加者讨论了出版《德意志意识形态》等事宜。

"凡是献身于改造劳动事业的人，必须了解彼此的观点，并制订一种共同的理论，作为那些没有时间或机会来研究理论问题的后继人的旗帜……"恩格斯谈了出版的目的和意义。

这时，魏特林这个德国空想共产主义代表却要求出版他的空想体系书籍，以及其他一些教学方面的语法书籍。魏特林很快发现马克思的一双眼睛从黑脸、黑头发、黑胡须的地方射出两道谴责的目光来："魏特林，你在德国大叫大嚷地鼓动了好一阵子了。请你讲一讲，你根据什么来证明你的活动是正确的？你根据什么来确定将来活动的方向？"

魏特林是裁缝出身，德国早期工人运动的著名理论家、空想共产主义的主要代表。受"正义者同盟"委托，他写作和出版了《人类的现状和未来》和《和谐与自由的保证》，在"正义者同盟"的成员中产生了较大的影响。但由于他死抱住空想共产主义理论不放，以致不顾工人运动宣传发动的大局，抱残守缺。

魏特林用激动得发抖的声音为自己辩驳："像我这样一个为了正义、团结和兄弟般的互助而把数百人已经集合在一面旗帜下的人，不可能是头脑空虚的无用之人。"为了摆脱今天的困境和攻击，他还列举了从各地寄来的几百封感谢信来证明他的行动受到的欢迎程度。他认为，平凡的准备工作也要比抛开苦难的人民来进行批判和空洞的理论分析更有助于共同的事业。

"无知从来不能帮助任何人！"马克思听到他最后几句话时，气得再也忍不住了，使劲捶了一下桌子。

5月11日的布鲁塞尔通讯委员会会上，马克思就克利盖的错误思想起草了《反克利盖的通告》。会上表决时，只有魏特林一个人投反对票。

马克思在《反克利盖的通告》中指出：克利盖在《人民论坛报》上所宣传的观点不是共产主义；他所表现出来的倾向，采取幼稚而夸张的方式，大大地损害了共产主义政党在欧洲和美洲的声誉；他以"共产主义"名义所宣传的伤感主义梦呓，如果被工人阶级接受，就会使他们的意志颓废。

不久，这份坚持以爱情为基础，洋溢着情爱的、充满温情的共产主义报刊被迫停刊。克利盖和魏特林在"正义者同盟"的成员中的威信大大下降。

1847年8月，马克思在布鲁塞尔成立共产主义者同盟支部和区部以后，积极参加和领导了布鲁塞尔民主协会的工作。马克思认为，在即将到来的欧洲革命中，无产阶级必须与资产阶级和小资产阶级民主派结成联盟，共同反对欧洲各国反动派。因此，他十分关心欧洲各国民主派的活动，并与英、法、德和瑞士等国的民主派建立了联系。

随后，马克思与恩格斯一起建立了布鲁塞尔德意志工人协会。成立协会的当天，马克思因特殊情况未能出席大会，然而，会员们选举马克思担任副主席，由比利时民主主义者吕西安·若特兰担任主席。欧洲革命形势日益发展，马克思开始登上向工人群众演讲的舞台。

协会借星期三和星期天搞文娱活动的机会，到"天鹅之家"去跳舞、演讲，协会会员的家属也参加活动。燕妮经常配合马克思做文学朗诵和参加一些演出活动，这对夫妻以其出众的才华和非凡的魅力成为整场晚会的焦点。政治活动和文学活动寓于一体的"天鹅之家"，日渐把马克思的威望、声誉推上了高峰。

1847 年 8 月底，马克思组织了德意志工人教育协会，参加教育协会的有 100 多人，主要是流亡布鲁塞尔的德国工人。马克思推举了威廉·沃尔弗担任协会的书记，他只兼任协会各种政治问题的顾问。他常常到工人的家中，了解工人的生活，关心工人的疾苦，探访工人心底的秘密。他的《关于自由贸易问题的演说》《雇佣劳动与资本》的演说在布鲁塞尔工人运动中先声夺人，引起了强烈反响。此后，这位 29 岁的工人运动领袖出台演讲，场场爆满。演讲中，那种恰到好处的仰头、眯眼、抖须的细微动作和那铿锵有力的声音，往往为其独到的见解锦上添花……

台下的工人心潮澎湃，掌声不断。有些工人竟然乐意让人骑在自己的肩膀上，让自己头上的人唤出自己的心声——

"我的亲爱的！马克思！"

"说出了我们要说的话！"

"卡尔！您才是我们工人的教父！"

"…………"

于是，这位 29 岁的年轻人，以其"马克思教父"的声誉在布鲁塞尔工人运动中传播开去……

# 24 | 共产主义者同盟

"我们不应只是用浩瀚的典籍使学术界获得新的科学知识，我们必须争取德国的甚至全欧洲的无产阶级赞成我们的主张。只有这样，我们才能达到目的。"马克思同恩格斯说，他不能只在书斋里工作，那最多只能是一个单纯的、书生式的理论家，他要尽可能广泛地同工人们在一起。

他在布鲁塞尔的工人中听到了许多对于他的科学著作有益的建议，无产阶级对于现行法律和劳动关系的不满给了他很多启发，工人们正义的愤怒不断地给予他从事工作的新力量。

马克思和恩格斯都同时意识到全世界无产阶级联合起来的伟大历史时期正在到来。他们注意同革命团体和组织，同英国宪章运动和法国社会主义者取得广泛联系。马克思当选为布鲁塞尔民主协会的副主席，他们影响着"正义者同盟"，而又确实不干预同盟内部的事务。

这个时候，"正义者同盟"已经认识到它本身在政治上的不足，于1847年1月20日派遣同盟的一位重要代表莫尔来找马克思。"我是代表我们的盟员来的。"他谦虚地说，"我们深信您的见解正确，也同样深信有必要使同盟从旧的、密谋的传统作风和形式中解放出来。如果您加入同盟事务的领导层，您就有机会在同盟大会上把您的批判性的共产主义写进一个宣言中去。这个宣言将作为同盟的正式文件公布，然后我们也将促进用一个新的、合乎时代和目的的组织去代替同盟的旧组织。"

马克思听到这个消息非常愉快，他立即写信给正在巴黎逗留的恩格斯，把自己的想法告诉他。

晚上，马克思同燕妮交谈。燕妮现在已经成了他不可缺少的工作助手，她为马克思抄写潦草的手稿、审阅校样，她有时也替马克思处理来往信件。这些工作要求有比较熟练的外交才能和对复杂政治关系有较敏锐洞察力的人来做。燕妮很干练，很乐意胜任这些工作，正如她自己说的："我坐在卡尔的小房间里，抄写那些潦草不清的文章的日子，是我一生最幸福的时候。"

"这并不奇怪吧！"马克思说，"我们对同盟的所有指责是正确的，现在连它的盟员也认识到了，他们要求我和恩格斯帮助他们进行改组呢！"

马克思十分高兴地拥抱着燕妮，又默默地握着妻子细嫩的手，然后低下头吻那柔软、纤细的手指。

伦敦位于泰晤士河畔，是座有无数街道和桥梁的喧嚣城市。即使是盛夏，它也沉浸在朦胧大雾之中，街道在红砖建筑物中暗淡无光，那座蜿蜒的滑铁卢大桥好像伸向无尽的远方。伦敦议院尖塔上大钟深沉的钟声，从隐约可见的钟塔传到大街，越过泰晤士河。

5月初的一天，恩格斯和威廉·沃尔弗从巴黎赶到伦敦参加"正义者同盟"第一届代表大会。威廉·沃尔弗是代表马克思所在的布鲁塞尔支部来的，马克思因家庭经济上的困难而没有参加这次大会。他一再写信告诉恩格斯："有你们去参加会议，我就什么都放心了！"

大会之前，还在伦敦大街上一道赶路的时候，恩格斯就对威廉说：

"必须抛弃那些隐蔽活动时代所形成的神秘作风，同盟的目的是推翻资产阶级，建立无产阶级的统治，消灭旧的以阶级对抗为基础的资产阶级社会，建立一个没有阶级、没有私有制的新社会。这一点，我同马克思是一致的。因此我们必须尽一切努力，使它以这个形式写进章程的第一条！"

威廉是马克思忠实的合作者，他点头表示同意："用不着操心，就我们所理解的同盟盟员的心情，我们是不会有困难的，他们早就看出了马克思是正确的。"

恩格斯自始至终参加了大会，大会讨论了新的章程，"正义者同盟"改名为"共产主义者同盟"。

代表大会以民主方式进行了选举，并且规定对那些搞阴谋诡计企图置同盟于其独裁之下的人，可以随时撤销其代表资格。新章程提交各个支部审核、讨论，以便在第二次同盟代表大会上通过。这次改组同盟和讨论制订新的章程，标志着世界上第一个共产党组织的诞生。

第一次代表大会期间，马克思抓紧完成《哲学的贫困》的书稿，有力地回击了蒲鲁东先生的"贫困的哲学"观点。

7月初，《哲学的贫困》正式出版。

7月27日，恩格斯从巴黎赶到布鲁塞尔和马克思研究共产主义者同盟的问题。

8月5日，布鲁塞尔成立了共产主义者同盟的支部和区部委员会。马克思当选为支部主席和区部委员会委员。

11月底，马克思在思想上和经费上都有了较充足的准备，他和恩格斯分别由布鲁塞尔和巴黎去了伦敦。共产主义者同盟的盟员们请马克思在代表大会上亲自阐述他的新理论。

持续10天的大会，马克思成为引人注目的焦点。他的论战性的著作《哲学的贫困》在学术界，在第二次代表会议上引起很大的震动。

马克思和恩格斯受代表重托，负责起草共产主义者同盟的宣言。

12月天气沉闷而阴暗，从北方和西北方来的风暴袭击了比利时全境，随后伴之而来的常常是大雨。

连日来，29岁的马克思又不间断地坐在写字台旁写作。他在布鲁塞尔的住房很小，隔壁房里燕妮与他们的第二个孩子小埃德加尔在啼哭，3岁半的小燕妮常向父亲问这问那。马克思没有工夫理会这些可爱的孩子们，卷一支雪茄，抽了又灭，灭了又抽，一支烟抽完，他在写字台上丢下了一堆的火柴梗。他忙得连划火柴也抽不出时间，干脆一个劲地干抽没有点燃的雪茄。

马克思认真思考宣言的各个方面，他在脑子里浮现了一种想法，即一定要用热情的语言来阐述他的学说。

宣言的段落安排虽然已经写在纸上，但在开始起草之前，他还是反复审核和权衡。他写信给巴黎的恩格斯，告诉他自己的写作计划。过了一些时候，他收到了回答：

请你把《信条》考虑一下。我想，我们最好是抛弃那种教义问答形式，把这个东西叫作"共产主义宣言"吧……我将把我在这里草拟的东西带去，这是用简单的叙述体写的，但是校订得非常粗糙、十分仓促。我开头写什么是共产主义，随即转到无产阶级——它产生的历史，它和以前的劳动者的区别，无产阶级和资产阶级之间的对立和发展、危机、结论，其中也谈到各种次要问题，最后谈到了共产主义者的党的政策……

马克思于次日早上动笔起草，在《共产党宣言》的开头写道："一个幽灵，共产主义的幽灵，在欧洲游荡。……"接着他论述了资产者和无产者，无产者和共产党人，社会主义和共产主义的文献以及共产党人对各种反对党派的态度。在这个国际共产主义运动的第一个纲领性文献中，马克思、恩格斯着重论述了阶级斗争学说，这也是贯穿全书的一条红线。最后他们提出了无产阶级国际主义的战斗口号"全世界无产者，联合起来！"以代替"正义者同盟"的旧口号"人人皆兄弟"。

1920 年 8 月，社会主义研究社出版了《共产党宣言》中文全译本。

# 25 |《共产党宣言》掀起的风暴

第一次出版的《共产党宣言》刚刚发行不久，就像幽灵一样，在欧洲掀起了风暴。

1848 年 2 月下旬的一天，马克思像挥动旗子似的舞动一张报纸，高兴地来到燕妮面前。这是一份巴黎律师赖德律·洛兰自费出版的小资产阶级民主主义的报纸——《改良报》。

"《改良报》带来了一份详细的报告，"马克思激动地说，"我在《共产党宣言》中所抨击过的一位最恶劣的警犬大臣基佐被推翻了！愤怒的工人、学生和小市民举行了起义。国民卫军拒绝效忠国王路易·菲利浦，参加了起义。工人们武装起来，释放了犯人，筑起了市街栅寨，与国王的军队发生了冲突。工人们被枪杀，人民举起火把向遇难者致敬，号召武装起来！"

巴黎大街上的人民高呼"Vive La République!（共和国万岁！）""改革万岁！"高呼声和《马赛曲》的沸腾声就像一阵阵潮水从马克思的耳际飞过。

马克思在弹簧矮椅上坐下，让燕妮读报的时候，他在想象着未来的一切，大部分的资产阶级要求扩大选举权，参加政府。

马克思问自己："那么德国呢？这个不幸的国家，它不统一，四分五裂，政治和经济被束缚，处于瘫痪，还一直处在诸侯的羁绊下。"

"普鲁士的工人将会照巴黎工人的样子做！"他满怀信心地说，"啊，燕妮，要是我现在在巴黎多好啊！过了几天，人们知道巴黎的工人们摧毁了国会、兵营和土伊勒里宫。国王逃到英国，他的宝座被当街焚毁了。资产阶级自由主义的临时政府被迫宣布成立共和国。"

巴黎事变使马克思非常激动，他和他的战友们很久以前就已经预见，有朝一日人民群众将坚决行动起来，并开始摇撼反动秩序的支柱。

"这一天已经到来！"

"革命的暴风雨已经来临！"

资产阶级革命风暴几乎席卷了整个欧洲。

法国、德国、匈牙利、波兰、捷克、意大利、英国和爱尔兰等国都开始点燃战火。

在比利时，当资产阶级同国王进行谈判时，国王把军队集结在首都周围，人民群众敢于徒手同反动武装交锋。比利时政府特别致力于向住在布鲁塞尔的外国人（主要是德国工人和政治流亡者）进行挑衅，不分青红皂白地逮捕威廉·沃尔弗，肆意虐待他，并将他驱逐出境。

面对革命的大风暴，在布鲁塞尔的德国流亡者，不管是共产主义者还是民主主义者，都和比利时的民主派紧密地团结在一起，共同行动。

几天前，马克思才从父亲的遗产里获得一笔钱。马克思和燕妮立刻拿出几千法郎去武装布鲁塞尔徒手参战的工人，尽管他们经历了多年穷困生活之后，才刚刚有希望在物质上得到一些保障。

在伦敦的共产主义者同盟中央委员会鉴于形势的变化，决定把中央委员会的权力移交给布鲁塞尔区部，以便及时指导欧洲大陆的革命，于是在布鲁塞尔成立了新的中央委员会，马克思直接领导中央委员会的工作。

马克思通过共产主义者同盟支部、德意志工人协会和布鲁塞尔民主协会进一步积极开展活动，组织发动群众，迎接日益逼近的革命风暴。民主协会由过去每周一次集会改为每日集会，并通过决议要求市政当局建立一支有工人和手工业者参加的武装力量。

2月28日，民主协会给法兰西共和国临时政府发出贺信，祝贺法兰西民族取得的功绩，并感谢它对人类所做出的伟大贡献。

3月1日，法国临时政府委员斐迪南·弗洛孔以法国人民的名义邀请马克思去巴黎，他在来信中说："勇敢而正直的马克思，法兰西共和国是所有自由之友的避难所。暴政把您放逐。自由的法兰西向您，向所有为神圣事业和各国人民的友好事业而斗争的人们敞开着大门！"这正符合马克思的心愿，马克思早就渴望奔赴革命斗争的中心了。就在马克思接到这一邀请函的3月3日傍晚，比利时警察当局通知马克思要在24小时内将他驱逐出境。

当夜，共产主义者同盟中央委员会在马克思家召开紧急会议，会议委托马克思去巴黎成立新的中央委员会。

会议刚散，警察就闯进了马克思的住宅……

## 26 | 比利时的逐客令

流亡比利时的 9 个月里，马克思以其曾学习的法律知识对自己的政治流亡实施了保护。

马克思向特里尔市市长赫尔茨请求给予他一张"侨居北美的政府许可证"。为防万一，他还确切说明了在服兵役问题上他完全没有问题。市长不愿意独自做出决定，便把马克思的这一请求转交给内务部，由 3 位顾问共同考虑。他们研究了马克思的案卷以后，认为可以利用他这次的请求，一劳永逸地摆脱这个危险人物。此外，他们还指出，此事不能拖延：报界已经为马克思离境的事闹腾过一次，这次可不要再掀起新的风波了。

内务部官员们都惧怕这位已离境的公民。政府注意到了顾问们的考虑，对这位"危险"青年的请求，以不再是普鲁士公民作为条件准许他出国。

这样一来，马克思失去了国籍。他从未想过要侨居北美，只不过是想保护自己在国外的政治活动中不受普鲁士政府的迫害而已。

然而，对这个失去了国籍的政治活动家，普鲁士政府依然恐惧他在本土的影响力，一直注视着他在国外的活动。欧洲革命爆发、德国战火点燃时，就正如燕妮预见的：

当时德国工人认定，他们必须拿起武器的时候到了，他们得到了短剑、手枪等。卡尔很乐意为此拿出钱来，恰好当时他刚得到一份遗产。政府认为这一切是阴谋、犯罪的打算。因为马克思拿到了钱，买了武器，这就是说必须把他弄走。

于是，普鲁士政府及时伙同比利时政府，企图赶走这个政治危险人物，使他一家老小无落脚之地。尤其是燕妮，她想到自己的那位已在普鲁士政府出任大臣的哥哥，心里在流血，流泪。

然而，"奇迹"也就这么发生了！

马克思收到比利时政府的驱逐令：卡尔·马克思务必在 24 小时内离开比利时国境。但很快，马克思又收到一张法国临时政府委员会邀请他一家侨居巴黎革命中心的邀请函。

而且，这还是以法国人民的名义邀请的！

1848 年 3 月 3 日傍晚 5 时，马克思接到了在 24 小时内离开比利时王国的命令。

当天夜里，他正忙着准备出发。突然一个警官带着 10 名警察闯进他的住宅，搜查了整个房间，最后以他没有身份证为借口，逮捕了他。他们在逮捕马克思几小时后，又将燕妮逮捕了。

马克思非常气愤！第二天被释放后，他立即奔赴巴黎，向《改革报》揭露了布鲁塞尔警察当局的这一卑鄙行径：

编辑先生，我的被捕和遭到的犯罪对待甚至在奥地利都是难以想象的，否则我也不谈这些了。我被捕后，我的妻子就立刻去找比利时民主协会主席若特兰先生，请他采取必要的措施。当她回到家里的时候，在门口碰见了警察，后者彬彬有礼地告诉她，如果她想和马克思先生谈话，可随他走。我的妻子马上就接受了这个建议。她被带到警察局。警官一开始就对她说，这里没有马克思先生，接着就粗暴地审问她，问她是什么人，为什么到若特兰那里去，她是否持有身份证。陪她一起去警察局的比利时民主主义者日果先生对警察提出的这些荒谬而无礼的问题表示愤怒，但警察禁止他说话并把他抓起来送到监狱里去。他们以游荡为名，把我的妻子送进市政厅监狱，关在阴暗的牢房里。次日上午11时，一队宪兵在众目共睹之下把她送到侦讯室，不顾各方面的坚决抗议，把她拘留在禁闭室达两小时之久。她在那里忍受了严重的侮辱和宪兵极其可恶的对待。最后，当她站在侦讯员面前时，侦讯员对勤勉的警察就差没有把孩子们也一起逮捕表示惊奇。审讯可能是纯粹形式主义的：我的妻子的全部罪名就是她虽然出身于普鲁士贵族，却赞成丈夫的民主信念。关于这件令人愤怒的事情的全部细节，我不想再谈了。只告诉你一点，当我们被释放时，24小时的限期已满，我们不得不立即离开，连最必需的东西也没有来得及带走。

这件事见报后，在巴黎群众中引起了轰动。

"为马克思先生一家讨还清白！"

…………

呼声很快传到了比利时，布鲁塞尔的工人群众甚至整个比利时的群众，四处掀起了讨伐布鲁塞尔警察的浪潮。

"为马克思老爹申冤报仇！"

"还马克思老爹一家清白！严惩逮捕无辜的警察当局走狗！"

"为马克思老爹雪恨！"

…………

讨伐的群众震惊了比利时国会，国会终于妥协，答复群众的要求——将逮捕马克思和他的妻子的警长立即撤职。

## 27 │ 阴谋的间隙

从柏林起义,马克思看到了工人、农民的革命力量,又对资产阶级背叛人民的愿望深感愤慨。

马克思于 1948 年 3 月 5 日到达巴黎,当天晚上,他就在巴尔贝斯领导的人权和公民权协会的中央俱乐部发表首场演说。

马克思又同相识的临时政府委员们通宵长谈,第二天又同一些政治流亡者取得联系。

这时,沙佩尔、莫尔、亨·鲍威尔、威廉·沃尔弗和瓦劳也先后到了巴黎。3 月 11 日,马克思和他们组成了共产主义者同盟新的中央委员会,马克思当选为主席,沙佩尔担任秘书,其他几个担任委员。恩格斯暂留在布鲁塞尔,他也被选为委员。为了加强同各区部的联系,他们又在巴黎组织了德国工人俱乐部。

为了马克思的安全,法国临时政府委员的朋友——警察局局长马尔克把马克思一家从博马舍林荫大道上的泽尔夫人的公寓,迁到警察机构办公的地点——格腊蒙街 1 号曼彻斯特饭店住下来。

马克思除领导同盟中央的工作,还利用德国工人俱乐部组织了两个协会,协会成员多达 4000 人。他们对统一德国的问题都积极主张采取革命暴力行动，但内部分歧意见较大。

诗人格奥尔格·海尔维格号召建立和武装义勇军，支持不久前在柏林爆发的起义。许多人报了名，队伍也在孟索平原上开始了练兵活动。在这种如痴如醉、晕头转向的情况下，马克思保持着冷静、清醒的头脑，他力求把一切问题都统统考虑好，把一切问题都弄清楚。他反对海尔维格的冒险行为，并且预见到这种行为的后果。他懂得，柏林起义只不过是部分工人先锋队的战斗，还不是革命本身的大规模展开，无产阶级和资产阶级的斗争还在以后（后来才有巴黎的六月起义），而目前的斗争是争取民主共和国，是否能成功，还要看整个无产阶级是否参加这场斗争。

马克思同恩格斯商定以后，开始拟定《共产党在德国的要求》（以下简称《要求》）——德国建立民主共和国制度的纲领。马克思用遗产换来的钱以传单形式刊印出《要求》。他们在饭店及咖啡馆里召开一系列的集会，向工人们介绍纲领。为了避免力量过于分散，马克思建议巴黎的德国工人要和法国工人站在一条战线上。马克思坚信，巴黎的运动一定会得到巩固发展，只有到那时，它才能影响其他国家并席卷整个欧洲。

然而，分歧仍然存在，尤其是临时政府的一些委员。马克思当然主张采取坚决行动，但是这些行动必须是周密考虑、细致准备的。他并没有疏忽以拉马丁为首的临时政府的委员会，是多么愿意甚至高兴接受海尔维格关于组织德国义勇军的倡议，也注意到他们决然匆忙地把义勇军送出边境。马克思知道，这是以拉马丁为首的法国资产阶级临时政府图谋摆脱那些可能成为巴黎无产阶级的同盟者的革命分子。拉马丁假仁假义，早就做了如此算计：普鲁士政府有足够的时间准备，在海尔维格的义勇军渡过莱茵河之后，第一次战役中，义勇军就会全被击溃。

4月1日，拥护马克思的共产主义者同盟成员，接受马克思的命令，通过费洛孔委员的帮助享受义勇军同样的优待。他们的活动与义勇军大部队活动截然相反。他们单个分头行动，身上带的武器不是长枪、大刀，而是《共产党宣言》和《共产党在德国的要求》。这样，400余人悄悄平安地回到了祖国。《共产党宣言》第2次印刷的1000本正好于3月20日运到巴黎，和印成单行本的《共产党在德国的要求》由流亡德国的工人带回德国。于是，"新武器"在各地工人革命运动甚至柏林的起义余火中"炸"开了花……

《要求》根据《宣言》最后一章中向德国共产主义者提出，把《宣言》中的战略和策略上的指示具体运用到革命创造出来的新环境当中。

《要求》的开头就提出这样的口号："全德国宣布为一个统一的、不可分割的共和国。"《要求》阐述了人民建立一个统一的民主共和国所必须实行的措施。这些措施包括：凡年满21岁的德国人，只要未受过刑事处分，都有不受限制的选举权和被选举权；发给人民代表薪金，使工人也能出席德国人民的国会，而最重要的是代表全体人民，以便能够用人民的武装力量去压倒反革命；彻底改革教育制度和司法制度，以保证每个德国人都有受教育的平等机会并在法律面前人人平等。《要求》提出无偿地废除一切封建义务，无补偿地把一切大地产收归国有。《要求》提出把矿井、矿山、私人银行和一切运输工具收归革命民主主义国家所有。《要求》提出建立国家工厂，国家保证所有的工人都有生活物资，并且负责照管丧失劳动能力的人……

这17条要求为德国资产阶级革命所面临的各种问题作出了回答。

这个纲领最后极具鼓动力地呼吁："为了德国无产阶级、小资产阶级和小农的利益，必须尽力争取实现上述各项措施。因为只有实现了这些措施，一直受少数人剥削并且今后还有可能受少数人压迫的德国千百万人民，才能争得自己的权利和作为一切财富的生产者所应有的政权！"回国的共产主义者，受马克思和中央委员会的委托，迅速到各地加强同盟的现有支部，创建新的支部，并在同盟地方支部的外围成立政治性的工人联合会。在这些工人联合会中，他们按照《宣言》和《要求》的思想开展活动，充分利用在斗争中赢得的具有民主性质的自由，把为数众多的地方性工人组织联合起来，组成一个全德意志的工人政治组织。马克思组织多数流亡工人动身回国之后，从警察局长科西迪耶尔那里领取了法国护照。马克思和恩格斯也焦灼地离开巴黎，回到了阔别6年的祖国。

人民拥有了"新式武器"，沸腾的革命热潮扑面而来。

## 28 | 暴风雨中的雄鹰

春天又来到了这座古老的、有很多尖塔和狭长巷子的莱茵城。城外的花园和果园里，修饰整齐的灌木在樱桃花丛中间闪耀着淡黄色的光辉。

"我们对我们在美因兹的工作暂时是满意的，"马克思在同他的朋友乘车去科伦的途中说，"我们号召德国所有的工人组织成立工人协会是正确的。在这个协会中，我们可以给工人极大的支持，直到我们有能力建立工人阶级的独立组织为止。"

车夫愉快地挥鞭策马，发出清脆的响声。两匹黑马，一片蹄声，嗒嗒向前。

"但我们在科伦将不会很容易。就我所知，这里的工人居然听信一位叫戈特沙尔克的医生的话，说他正在寻求建立工人共和国。多么无聊！"

"他们没有正确理解《共产党宣言》，"恩格斯说，"这就靠我们同革命的资产阶级共同为反对君主政体和封建土地所有制而斗争，并创造社会的和政治的条件，以便推翻反动的阶级之后，方能开展反对资产阶级的斗争。"

马克思点头表示同意，他眺望着别墅前的花园，像沿途到处看到的一样，那里绿草如茵，百花盛开。

"弗里德里希！春天是个美丽的季节，可惜工人们能够享受的不多。他们从清晨到深夜在工厂里做工，只有在睡眠的几小时才能稍稍舒展眉头。"

他点燃一支雪茄，凝望着雪茄的烟柱被柔软的春风吹散。

马克思、恩格斯、德朗克三人一同回国后，先到达美因兹。考虑到科伦的《拿破仑法典》仍在起作用，比德国其他地方享有较多的言论、集会和结社的自由，加上这里的工业比其他地区发达，工人在人口中所占比例较大，是工人运动的中心，因此，他们又一同转至科伦。到达科伦，他们立即着手做两件事：一是筹办一家日报；二是建立一个全德工人党，以推动这次革命。为了完成第二项任务，同盟的主要盟员分赴德国各地，在不少地方迅速建立了工人联合会。原计划在这些工人联合会的基础上建立一个政党，但由于德国大多数无产阶级觉悟不高且还认识不到成立一个自己的、不受资产阶级影响的独立政党的必要性，这项任务未能完成。而几百个盟员分散在德国各地的广大群众中，仅靠秘密通讯和派遣特使联系已不能直接地指导各地的斗争。这就更加深了马克思创办日报的想法，各地的工人联合会也为日报的出版、发行打下了基础。

为了《莱茵报》的存在，马克思曾主动放弃了好不容易找到的一份工作，沦为流浪汉。可是，自己的退却，并没能挽回报纸的命运，报纸终被停刊。这些都失去了！母爱失去了，连父亲的遗产也几乎失去了！他去荷兰姨父家想沟通母亲的感情也无济于事，得不到家里一文钱的接济……

但在人生中往往"有失必有得"，在那走投无路的时候，马克思相思了整整7年的燕妮终于得到了母亲的支持——同意与正处于困境的马克思博士结婚。蜜月里，既为双方家庭环境所迫，又为当时的革命中心——巴黎所吸引，这对年轻人毅然走向了流亡异国他乡寻求革命真理之路……

6年过去了，马克思回到了科伦。他带回了3本书，也带回了3个孩子，还怀揣一笔尚有积余的父亲的遗产。

"那位黑狮子年轻主编回来了！"

"一位曾在这里被赶跑了的主编又想要在这里办报纸，要恢复他原来失去的那张报纸……"

很快，马克思的住宅又像在巴黎一样成了这里的革命者的聚会之所。

创办报纸遇到了异乎寻常的困难。首先是缺少必要的资金，因此中央委员会派到德国各地建立同盟新支部和创办工人协会的特使也都努力为办报筹集资金，但工人们和无产阶级化的手工业帮工手里没有钱。至于那些拥有资财的自由资产阶级，当然也不会把资金交给这位撰写过许多无产阶级战斗性著作的前《莱茵报》主编，供他创办一份革命民主主义的机关报。在乌培河谷有很多朋友和熟人的恩格斯，招股也没有大的起色。他在给马克思的信中说："很遗憾，认股的事，在这里希望渺茫。……问题的实质是，在这里甚至连激进的资产者都把我们看成是他们未来的主要敌人，不愿意把武器交到我们手里。因为他们认为，我们会很快地把武器掉转头来对准他们自己。从我的老头那里也根本什么也弄不到……他宁愿叫我们吃千颗子弹，也不会送给我们一个塔勒。"办报所需的流动资金估计要30000塔勒，这些资本原来打算按50塔勒一股招认，但到5月底，认股总数只有1300塔勒。马克思又从父亲的遗产中拿出3000塔勒，并尽可能收取订费。恩格斯从父亲给的生活费中挤出了几百塔勒，千方百计找人认了14股。他们总共筹集到了13000塔勒，暂时勉强解决了出版报纸的资金问题。

报纸取名"新莱茵报"，这是因为一方面表示同过去马克思主编的《莱茵报》有继承关系，一方面加上"新"字以说明两者之间有差异。

报纸的副标题是"民主派机关报"。报纸原设想在 7 月 1 日出版，由于革命形势发展迅速，反动派迫害的步子也在加快，马克思决定提前出版报纸，从 6 月 1 日就开始出报。5 月 31 日晚，《新莱茵报》创刊号排版印刷完毕。报贩们来到编辑部，取走刚印好的报纸，立即分送到科伦全城。

马克思渴望已久的无产阶级宣传武器《新莱茵报》终于诞生了。

在报纸的编辑部里，马克思任总编辑，编委会的成员有恩格斯、维尔特、德朗克·斐·沃尔弗、毕尔格尔斯、威廉·沃尔弗，威廉·沃尔弗兼任秘书。马克思的工作量非常大，他要拟定报纸每天的编排计划，撰写社论，同国内外通讯员联系，选用他们送来的消息，编审大部分稿件，还要同国内许多进步报刊交往。除了保证每天按时出版，他还要经常出版号外和传单，并设法把它们散发到莱茵省和其他地方。此外，处理报纸的财产，要花费他不少时间；同当局和反动势力的威胁和纠缠，同自由派报刊的诽谤等作斗争，也耗去了他许多精力。总而言之，马克思是编辑部的灵魂。恩格斯说，马克思的任何决定，"对我们来说是理所当然、毋庸置疑的，所以我们大家都乐于接受它"。

《新莱茵报》从创刊号直到最后一期，始终都忠实地遵循自己的政治纲领，国家统一、民主、共和的社会主义思想像一条红线一样贯穿在每一期《新莱茵报》上。

由于《新莱茵报》始终坚持把民主革命进行到底和支持一切民族的解放斗争，因此它赢得了广大人民和坚定的民主派的信任。3 个月内，它的印数就达到了 5000 份，这是当时德国极少数几家报纸才能达到的数字。同时它鲜明的政治立场也自然引来了德国封建势力和大资产阶级的敌视和迫害。创刊号的文章激烈反对资产阶级议会这个"清谈馆"的行径，使一半资产阶级股东退出，剩下的一半股东由于马克思坚决支持巴黎工人六月起义也全部退出了。7 月 6 日，科伦法院传讯马克思，控告他侮辱国家官吏和警政人员，搜查了他的报纸编辑部。8 月初，科伦警察厅通知马克思，科伦市政当局不承认他是"普鲁士臣民"，妄图再次把他驱逐出境。9月26日，科伦实行戒严，《新莱茵报》同其他民主派报纸被勒令停刊。

马克思、恩格斯和他们的战友经过种种努力，使报纸于10月12日复刊。

11月14日，马克思再次被法院传讯。1849年2月初，普鲁士政府又接连两次控告马克思危害国家。马克思在法庭上义正词严地为《新莱茵报》的文章进行辩护，无情地揭露政府的种种无耻的迫害。1849年5月，普鲁士反动政府相继镇压了德累斯顿、爱北斐特等地的人民起义后，又立即把刺刀对准了《新莱茵报》……

马克思坐在办公室，长长的头发垂肩披着，蓬松的胡须里那张丰润黝红的嘴唇微微地闭着，他大刀阔斧地圈阅一篇篇稿件。

一个听了马克思在莱茵大会上演讲的大学生说：

"马克思当时30岁，就在那时候他无疑已经是社会主义思想界的首脑人物。他体魄健壮，额部宽阔，留着长长的黑发和蓬松的鬓须，立刻引起大家的注意。他被认为是他那个专门领域的大行家。不能否认，他所讲的都很明了，逻辑性很强，而且很重要，但是我一生中从未遇到过像他那样高傲到令人难以忍受的人。"

纽约《每日论坛报》当时驻科伦记者阿伯特说：

"他的面孔和整个体态都焕发出充沛的精力，但是在他的温和而矜持的神情后面，任何人都能看得出燃烧着勇猛精神的熊熊烈焰。"他从总编室走向大街、会场、战区、法庭……如同他五千多份火一般的《新莱茵报》飞遍科伦，飞向柏林，飞向德国，他带着一身的油墨和书卷香走进各国革命的硝烟、战火——满头乌黑的长发及鬓须和着他的长领开襟大衣飞也似的飘起来，像雄鹰击浪、呼风唤雨震撼着旧世界……"

《新莱茵报》在马克思的领导下，像一把利剑，又"真正像榴弹一样"打击敌人——《新莱茵报》第一号就无情地揭露大资产阶级同国王进行的种种妥协活动，用每天发生的事件引导读者看清反动派正在禁止集会和游行并用逮捕和武装袭击手段来夺回他们在 3 月暴动失去的阵地。

《新莱茵报》坚决反对大资产阶级企图以奥地利或普鲁士为中心来达到自上而下的统一。

《新莱茵报》向德国报道具有欧洲意义的巴黎六月起义中劳动人民浴血奋战的大无畏牺牲精神。1848 年 6 月底，巴黎发生了马克思早在二月革命爆发时就预言的事情：巴黎的无产阶级第一次为了自己本身的利益筑起了街垒。巴黎工人对那个冒牌的"社会共和国"深感失望之余，于 6 月 23 日举行了起义，以面对有产阶级的挑衅。

他们团结得像一个人一样，以唯独无产阶级才能具有的坚韧不拔、果断英勇和富于自我牺牲的精神，同力量比自己强大一倍并有良好装备的资产阶级军队进行斗争，并阐明这一巴黎 4 万无产者的斗争的重要教训：只有通过推翻资产阶级的统治并由无产阶级夺取政权才能实现社会主义。

巴黎工人经过几天浴血奋战之后，起义于 6 月 26 日遭到失败。数以千计的无产者惨遭野蛮军队的屠杀，世界各国的新老反革命分子又以最卑鄙的方式对失败者进行诽谤。而正是这个时候，《新莱茵报》把被击败的无产阶级旗帜高高举起。马克思以革命乐观主义的精神，于 6 月 29 日在他的"一篇极其有力的论文"中向这一英勇斗争——这一斗争预示着无产阶级为自己的社会解放进行斗争的阶级大搏斗即将到来——表示祝贺。他写道：

有人问，难道我们对那些在人民的愤怒面前牺牲的人……不流一滴眼泪，不叹一口气，不发一言吗？

国家将关怀他们的孤儿寡妇，法令将颂扬他们，隆重的殡仪将送他们的遗体入土，官方的报刊将宣布他们永垂不朽，欧洲的反动派得从东方到西方到处赞扬他们。

这篇充满激情的向"胜利的战败者"致敬的公开声明，使得剩下的最后一批资产阶级股东也退出了《新莱茵报》。马克思毫不顾忌资产阶级股东对他的评说甚至退股的威胁，他旗帜鲜明地举起《新莱茵报》这面红旗，鼓舞着德国工人。列斯纳说："……我把《新莱茵报》（1848年6月29日）上马克思所写的关于这一事件的文章读了二十来遍，因为这篇文章恰好表达了我们的情感。"

《新莱茵报》提出警告，沙皇俄国已经把军队调集西部边境，随时准备帮助德国反动派镇压革命。

《新莱茵报》以编辑部的名义向意大利《黎明报》表示："我们要捍卫意大利争取独立的事业，要和奥地利在意大利以及德国和波兰的专制统治做誓死的斗争。"

《新莱茵报》无情地揭露普鲁士的残暴和卑鄙，并指出："只要德国继续压迫波兰，它就不能摆脱竭力支持德国封建专制制度的俄国的控制和威胁；只有拿起武器对付俄国，退回掠夺来的波兰领土，才能打破整个欧洲的均势，才能使打退的德国封建势力不致卷土重来，才能使德国得到真正的统一。"

《新莱茵报》上恩格斯著文鼓舞匈牙利人民采取多种方式坚决反对外国侵略者："一个想争取自身独立的民族，不应该仅限于用一般的作战方法。群众起义，革命战争，到处组织游击队——这才是小民族制胜大民族，不够强大的军队抵抗比较强大和组织良好的军队的唯一方法。"

特别是巴黎工人六月起义失败后，反革命势力在整个欧洲转入反攻。普鲁士大资产阶级组成的内阁倒台，成立了自由派贵族内阁，力图恢复3月革命以前的秩序。为了有力地打击他们的反扑，马克思认为必须把民主派的力量联合起来，紧密联合当时科伦的民主协会、工人联合会和工人业主联合会。

8月23日，维也纳发生了新的流血事件。工人们为反抗政府降低工资举行了示威游行，反动政府对手无寸铁的示威群众进行了血腥镇压。在革命可能被大资产阶级出卖的关键时刻，马克思为了加强民主运动的联系，指引斗争的方向，于8月25日前往柏林和维也纳。8月30日，马克思在维也纳的工人联合会上发表演讲，介绍了国际形势并阐明了无产阶级运动的任务。9月2日马克思又做了一次报告，论述了雇佣劳动与资本的关系，清楚地说明工人阶级受资本家剥削的根源。

9月3日，维也纳工人联合会左派市民自卫团等组织为8月23日被枪杀的工人举行葬礼。参加者除工人外，还有大学生、城市居民等。队伍穿过大街，形成一次声势浩大的示威游行。工人联合会向一切自由和进步的组织呼吁，向德国、匈牙利和其他国家的进步组织呼吁，呼吁建立紧密的联合和合作，并要求国会武装工人，大力宣传要建立一个自己的工人议会。

9月12日，马克思回到科伦，当晚参加了工人联合会同民主会召开的一次会议。会议决定第二天举行民众大会，抗议国王在英国和沙俄的压力下同丹麦签订可耻的休战协定，认可什列斯维希——霍尔斯坦是丹麦的领地。这次大会有五六千人参加，恩格斯和德朗克在会上发表演说，威廉·沃尔弗提议成立安全委员会，以保护人民用鲜血争得的成果。接着类似的民众大会又多次召开。其中最大的一次是9月17日在离科伦不远的菲林根荒野举行的大会，一万多人步行、骑马、坐敞篷车和平底船从四面八方汇集到这里。大会宣布要成立一个民主主义的德意志共和国，决心同反革命势力斗争到"流尽最后一滴血"。

9月26日，科伦戒严，所有民主协会组织被撤销，集会权被废止。《新莱茵报》和其他民主派报刊被勒令停刊。

《新莱茵报》编辑部受到严重威胁，几位编辑被通缉，资金日益短缺。戒严8天后，马克思重振队伍，继续把自己剩余的一点钱财投入办报。尽管因考虑到自己家庭生计而心情沉重，但他还是毫不犹豫地这样做了。因为"问题在于，在任何情况下都要坚守住这个堡垒，不放弃政治阵地"。

10月11日，马克思同维尔特和其他友人克服重重困难使《新莱茵报》复刊了。

尽管这时，威廉·沃尔弗冒着被通缉的危险，迅速返回科伦，协助马克思处理编辑工作。但马克思的负担仍然非常沉重，除了编辑部的日常工作外，他还得参加各种集会和会议，和工人们进行认真的讨论，同种种糊涂思想与怯懦行为展开激烈的斗争，还得向军事机关搞抗议活动，处理如雪片一样飞来的各地通讯。此外，由于还受法院起诉的威胁，因此他每天不得不考虑到自己有可能被捕而需要认真对付。

10月18日，普鲁士国王发动政变，延期召开国民议会，将政府所在地从柏林迁往勃兰登堡，并设重兵保护。

马克思对这一措施非常气愤，立刻同《新莱茵报》的工作人员商议，决定鼓动大家去反抗。

《新莱茵报》被迫暂时停刊时，恩格斯被派去了瑞士工作。这时，他正风尘仆仆地赶回来。

"这只是由于市民的疏忽，由于卑鄙的民主主义者的麻痹才发生了这件事。"当恩格斯走进房间的时候，马克思对他说，"因为他们害怕同贵族做坚决性的斗争，他们相信国王的话——他们难道没有读过历史，不知道暴君的誓言只是在他自己感到威胁的时候才有效吗？！"

马克思在报上呼吁拒绝纳税，这个要求在全体人民中愤怒地燃烧起来了。连国民议会也不得不接受这个要求，被普鲁士军队从科伦市政厅赶出来的议员们在米茨旅馆举行了会议。在那里，以226票一致决定拒绝纳税。决议是：

"在国民议会不能自由地在柏林继续开会以前，勃兰登堡内阁无权动用国家资金和征税。"

"因此，从今天起捐税就废除了！"

"纳税是叛国行为！"

"拒绝纳税是公民的首要职责！"

当马克思知道上述消息以后，他又写了一篇新的呼吁书，要求成立一个革命民团，以便贯彻国民议会的决议。

"不再纳税"的口号，连续 28 天在《新莱茵报》第一版的报头下面刊登。

普鲁士政府又起诉马克思，法院传讯马克思出庭——

那是 1849 年 2 月 8 日，一个严寒的冬天，高耸的大教堂的尖塔周围飘着鹅毛般的大雪。

马克思、沙佩尔和施奈德尔都是一起在呼吁书上签过名的，现在他们正走在去法庭的路上。

尽管风雪交加，但他们 3 个人精神饱满，坚定地要陈述呼吁书上的每一句话，毫不畏缩。

在宣读起诉书和检察官讲话之后，马克思发了言。

陪审官在马克思第一段话之后就已经抬起头，注视这位民主主义的"商人"。他曾经读过这位《新莱茵报》主编的文章，现在则在法庭上面对面地相见了，马克思的勇敢和激情给了他很好的印象。其中一位陪审官是大酒商，他坐在陪审官的弹簧椅上，开始有些不自在起来："被告刚才说了些什么呢？"

"国王实行了一场革命，他推翻了现存的法律制度，他不能诉诸被他自己可耻地蹂躏了的法律！"

在那位大酒商打算考虑上面的话之前，他已经被最后的几句话慑服了：

"这是一种怯懦的法律伪善！诸位先生，你们一定不会用自己的判决来批准这种伪善的。""我完全无法理解，检察机关怎么还敢根据已被王权本身蹂躏了的法律来控告我们！"

检察官聚精会神地做记录，他多次停笔去考虑被告的为人。

"这样看来，在这两个社会之间不可能有和平。它们的物质利益和需要使得他们进行你死我活的斗争。一个社会必然获得胜利，而另一个社会必然遭到失败。这是它们之间唯一可能的和解。因此，在这两个社会的最高政治代表之间——在国王和人民代议机关之间，也不可能有和平。"

马克思坐下，法庭沉默大约一分钟，这是一种少有的、压抑的沉默，直到最后主审法官继续传讯沙佩尔。

沙佩尔和施奈德尔同马克思一样进行自我辩护，他们勇敢地承认了"呼吁书"中的话。马克思天衣无缝的逻辑思维和毋庸置疑的事实，以及那一字一句如同颗颗炽热子弹的辩词——法庭在这种强烈反差的氛围下，原告成了被告。法官也倾向了马克思。全体法官退庭。

被告在法警的看守下，在法庭黑暗的走廊里踱来踱去。他似乎听到陪审官们在室内进行的激烈争论。不出意料，送给他的法庭裁决书上写着："无罪释放。"

这个月，政府向马克思提出两次起诉，都是以马克思的胜诉而告终。

《新莱茵报》还是于1849年5月19日被查封了。

"红色！红色！红色！红色胜利了！红色共和国已经临近胜利的前夕！"

5月19日的最后一期《新莱茵报》从第一行到最后一行全是用红色油墨印刷的，发行数千份。人们想方设法用高价从他人手里转买"终刊号"。

《新莱茵报》就像一团正燃烧的火焰，就像一面飘扬的旗帜……

## 29 | 分离的不安

《新莱茵报》"红色终刊号"印发的第一个星期，恩格斯、威廉和斐迪南受到通缉，马克思和德朗克、维尔特要被驱逐出境。1849 年 5 月 11 日，给马克思的驱逐令写道："《新莱茵报》愈益坚决地煽动居民蔑视现存政府，号召暴力革命和建立社会共和国。若彼对此项要求不服，应立即押送出境。"

马克思最大的痛苦是离开祖国。他是一个爱国主义者，他想把四分五裂的祖国统一起来，他热爱摩塞尔河谷的莱茵大地，反对者的恶毒攻击使他更加留恋祖国这块生他养他的热土。

这种留恋太强烈了，使他有时觉得几乎透不过气来。可现在摆在马克思面前的，又是流亡。马克思这位政治流亡者、通缉犯和被迫害者第三次来到塞纳河畔的巴黎，他化名为 M·拉姆博次。

马克思在巴黎发现了王室的一个走狗，一个 1848 年 2 月被德国群众驱逐的基佐手下的无耻家伙。许多旅居这个城市的德国人从事间谍活动，互相搞起阴谋。马克思立即预感到，革命的火山口很快就要在这里爆发。寂寞中他想起了战友，在战斗生活中结成深情厚谊的战友们。海涅病得很重，连三步路也走不了，他连从靠背椅到床上去，都不得不扶着墙壁走。巴登和普法尔茨的斗争已经结束。恩格斯在参加普法尔茨和巴登起义时担任费赖沙尔·维利希的副官，他的命运还不知怎样。

夏天很快就过去了，马克思一直没有恩格斯的消息。终于在 6 月的最后一天，燕妮兴奋地带着喜讯冲进房间，她说："弗里德里希还活着，他在瑞士的韦维。他来信了！你自己看信吧！"

马克思从她的手里夺过信，迅速地浏览一遍，然后又仔细地、反复地读了几遍，他忽然纵声大笑，说："他还在担心我，我有可能被逮捕，我必须马上给他回信！"他笑出了眼泪："我亲爱的，你自己也这样子，怎么还老为我感到不安呢？！"

这时，燕妮也流泪了。马克思蓦地抱着她，就像是抱住了恩格斯。他又想起信中的几段话："《新莱茵报》方面有一个人参加战斗毕竟是件好事，因为所有民主派无赖都在巴登和普法尔茨，而目前他们正在吹嘘他们所没有完成的英雄业绩。否则，又会有人叫嚷什么《新莱茵报》的先生们胆子太小，不敢参加战斗。可是，在所有的民主派先生当中，除了我和金克尔，没有一个人打过仗。"

"弗里德里希，这位勇敢的'骑士'，过去我对他的爱骑马飞驰越野的担心真是多余的……"马克思为恩格斯感到骄傲。恩格斯挽救了报纸的名誉，并且证明他们不仅能做文字辩论，而且如果时代需要，他们还可以投笔从戎。

太好了，恩格斯平安无恙！

一觉醒来，马克思披衣坐到写字台旁，点燃雪茄，挥笔疾书，给恩格斯回信："我们全家都在这里。法国政府曾经要把我驱逐到摩尔比安这个布列塔尼沼地去，直到现在我拒不执行。"

马克思十分注意从那些被驱逐出境的人员中研究德国的事变。

8 月底，他接到法国政府要他离开巴黎的命令。马克思早就下了决心，一旦驱逐出境，他马上就走。他激动地对燕妮说："我不去摩尔比安，我离开法国到英国伦敦去，但是鉴于你目前的状况，明智的办法还是暂时留在巴黎。"

马克思紧紧地握着她的手，十分动情地说："燕妮，我亲爱的！你多勇敢啊！"

燕妮紧紧偎依着又要离开的丈夫。这时，他们都感觉到了她腹中的新生命在蠕动。

# 30 | 朋友，我急需支援

1849 年 8 月 24 日，马克思一个人登上了开往伦敦的轮船。因为没有钱，燕妮又正处于妊娠期的最后一个月，都无法与他同行。

可想而知，这次伦敦之行他心里更不安。他以前和恩格斯一道在英国有过两次短暂的旅行，英国并没有给他留下令人快慰的印象。英国人实用、平稳和忍耐的性格，跟他好动和急躁的性格有些格格不入。另外，马克思对英语还掌握得不太好，这就使他的活动大受限制，也使他感到有某种依赖性。

环境和条件尽管对他有多方面的不利，可一到英国，他又立刻投入了政治斗争。他恢复了对共产主义者同盟的领导，并重新组织了同盟的活动，与此同时，他进行关于筹办德文机关刊物的谈判，准备在这里创办《新莱茵报·政治经济评论》。

这时欧洲大陆上到处都在迫害革命者，有一些革命者逃到了英国。他们都是一小批一小批的，既没有钱，又不懂英语。他们来自欧洲各个国家，既有意大利人、匈牙利人，又有波兰人、法国人。在伦敦的德国人增加到三百多人，基本上是工人和小手工业者。他们找工作处处碰壁。马克思和他的朋友，在他们本人受着穷困煎熬的同时，组织了一个伦敦救济委员会，做出了革命团体的好榜样。

马克思写出激动人心的号召书。他和同志们为了筹集必要的生活费用整天奔波于伦敦街头。

眼看怀孕的妻子带着三个孩子和琳蘅，于9月15日就要到伦敦了。钱却用光了，没有着落，他迫切地需要解决个人的生存问题。

钱，这个既可爱又可恶的疯狂魔兽，一时以其光环炫耀于人，一时又以其"铜臭"被人厌弃。马克思不由地很不好意思地想起这之前给几位朋友写的"要钱"信。

6月7日，马克思给恩格斯写信，谈了德法两国形势的一些看法后，他简单、直率地向他提出："你必须设法在什么地方给我弄些钱；你知道，我为了履行《新莱茵报》的义务已经把最近的收入用光了……"他在"给我弄些钱"的下面打上着重号。

7月13日，马克思不得不写信给魏德迈，说他全家在巴黎已一文不名。他问是否可以争取他关于蒲鲁东的书（《哲学的贫困》）再版，然后给他预支一笔稿费。他又补充一句："我曾经给《新莱茵报》（这毕竟是党的企业）投资7000塔勒以上，因此，我急需得到这种支援。"

马克思还责怪自己经济上的无能："妻子、儿女到伦敦来了怎么办？看着我的满脸鬓须能饱肚吗？"

马克思在9月5日给诗人弗莱里格拉特写信：

亲爱的弗莱里格拉特：

我只给你写几行字，因为四五天来，我生了一种类似轻霍乱的病，感到非常软弱无力。我的妻子来信，要我告诉你已收到你的信和所附的100法郎。你想想巴黎的警察多么卑鄙：他们连我的妻子也去打扰；她好不容易获准在巴黎待到9月15日，即我们所租房子到期的日子。现在我确实处境困难。我的妻子临近产期，15日她又必须离开巴黎，我不知道到哪里去弄到必要的钱，使她能够动身并来这里安顿下来。另一方面，我希望在这里办一个月刊；但是时间紧迫，而且头几个星期困难特别大。

燕妮来了。马克思费了九牛二虎之力给她安排在一家贫困的工人家里寄宿，一面继续疲于奔命地四处奔走，以求找到一个较为方便点的住处（因为燕妮产期已近）。最后他在简陋的切尔西街区的安德森街4号找到一个比较合适的住处。11月5日，燕妮生下一个男孩，取名亨利希·格维多。这时马克思一家正面临着严酷无情的冬天。

一天，恩格斯拎着送给孩子的礼物，找到了马克思在伦敦的住处。

经过一场血与火的战争洗劫，这位在战场上败下来的"副官"，穿着还是那样整齐，花格子西服、亮直的头发也显出其抖擞的精神。恩格斯明显消瘦了，因为瘦，个子更显得比粗犷、敦实的马克思高出许多。

"您是从哪里来的？"马克思急忙问。

"从意大利来。"

"怎么到意大利去了？"

暴动失败后，恩格斯逃到意大利，从意大利跑到马克思身边来。恩格斯很担心地问："您早就没有钱用了吧？"

马克思不好意思地笑了笑，燕妮脸上微微地红了，但在他面前用不着客气，客气反而觉得侮辱了他。

恩格斯紧接着说："走投无路的时候，老头子才给了我一点钱，先拿着这一点。"连个数字也不说，恩格斯就把钱交给了琳蘅，他又说："党和全人类劳动人民等着您的劳动，您只管做你的工作，相信我，钱是会有的！"

燕妮心中暗想，世界上再没有这样好的朋友了。

# 31 | 尴尬脱身

在伦敦避难的共产主义同盟老战友们，没有谁的生活是宽裕的。在流亡的苦楚中，他们并不垂头丧气，他们善于诙谐、幽默地面对生活。苦楚的日子轻轻松松、愉愉快快地过去了。当然，有时也难免过得尴尴尬尬。

一天，流亡者鲍威尔从海格特来到伦敦小住，看到流亡兄弟生活极为清苦，深表同情。这天傍晚他"请客"，邀马克思和李卜克内西"喝酒旅行"。

牛津街与汉普斯特之间，小酒店多得不得了。旅行时遇到的每个酒店都进去喝一点，哪怕是非常少的一点，口袋里的钱也是很难对付的。

当他们到达托登汉姆科特路的尽头时，旁边一家酒店的歌声和热闹场面吸引了他们。鲍威尔向前打听到这是英国流行的一种资助病人和免费办理丧葬事宜的团体——慈善协会，在举行盛大宴会。鲍威尔摸摸口袋里可怜巴巴的几个钱，又看看自己请来的两位因旅行而疲倦了的朋友，皱了皱眉头。

"过来，快过来，慈善协会在办宴会。"鲍威尔打招呼。

这时门前来了一群赴宴的客人。马克思和李卜克内西就被鲍威尔拉进了他们的队伍，堂而皇之地走进了宴会厅。

英国人殷勤好客，马克思他们三个外国人被一同赴宴的英国人邀请到一间"雅座"，英国人把几个"外宾"推上了正席，宾主共享盛宴佳肴。吃饱喝足后，宴会为慈善事业展开了讨论。有的人还当场从口袋里掏出了捐款；也有人留心起大模大样坐在上席的"外宾"，希望从他们的口袋里掏出巨款。

尴尬的时候到了。别说巨款，马克思他们三个人的口袋里连宴会的餐费也掏不出来。就在这时，雅座里几个争论激烈的人伸出了拳头，几个英国人争论得要打起来。

这时是最好的脱身机会。马克思、李卜克内西和鲍威尔交换了眼色，他们尴尬地退出了雅座，退出了宴会。

一到街上，剧烈的心跳才平静下来。为松弛一下紧张的肌肉，他们不由得在路灯下赛跑，像被人追赶落荒而逃的人……

突然，他们真的发现了身后有追赶者。是不是雅座里伸出拳头的人？难道什么地方露馅了？

马克思觉得鲍威尔的恶作剧已闹到了极为尴尬的地步了。

这时，马克思也自然想到了自己的一次尴尬的追赶。大路上，一个年轻人在追赶着一位老妇人，眼看老妇人就要被追赶上并面临一场毒打——马克思风也似的追着年轻人而去，气喘吁吁地扭住他："你，你为什么要追一个老妇人？"

年轻人也喘不过气来，回答道："老人家没钱，用遮阳帽抵作一顿午餐。那怎么好？！"

"没钱，吃个便餐有什么关系？外面这么大的太阳……"

马克思越想起那老妇人和青年人，就越内疚，越尴尬："我不是也有一顶绅士帽吗？……"

后面三四个追赶的人越来越近了，并伴随着凶恶的"抓贼""站住""老子开枪啦"的呼喊声。

原来是惊动了夜间巡逻的警察。幸亏马克思几个人对这个地区的地形较熟悉，狂奔几分钟以后，三个人都拐进了一条横街，再穿过一条林荫道，警察就看不到他们的影踪了。

他们三人又都绕到了警察后面，这样才脱了身，各自回到自己的家中，哭笑不得。

## 32 | 痛恨伦敦人打老婆

"杀人了！杀人了！……"一个女人在绝望地嚎叫。

已是傍晚，马克思同德国朋友李卜克内西乘一辆公共马车经过汉普斯泰特路。这是一家车站，旁边有个啤酒店，女人的嚎叫声是从啤酒店门前的人群中传出来的。

"又是谁在打老婆了？"

马克思听到女人的喊叫，也不同马车上的人打声招呼，闪电一般地跳下车，直奔人群。待李卜克内西意识到要拉住他时已来不及了，马克思箭一般地冲进了人群。李卜克内西生怕他出危险，也下了车，急忙往人群里挤。

马克思进入了人群中心，被密密层层的人包围住。

当时，伦敦男人有打老婆的坏习惯，马克思对此很痛恨。这个疼爱妻子的模范丈夫，每当听到女人的哭叫声心里就难受，他一定要冲过去将那打老婆的男人教训一顿才痛快。易于冲动的马克思常为管这般闲事，让身边的人和家里人发窘。

"怎么回事？"马克思劈头就问。

马克思和李卜克内西很快就知道这究竟是怎么回事了。一个喝醉酒的女人同丈夫吵架，丈夫想把她弄回家，女人抗拒并像疯子一样地大喊大叫。这里并没有发生不幸的事情。

"这就是你不好了！做妻子的过量喝酒，有碍身体。"马克思又对她丈夫说，"就算妻子已经多喝了点酒，也不能对妻子无礼。你没有动手打她吧？"

"谁，谁错？我喝自己的酒有什么错？你，你这个外国人多管闲事。"女人对马克思喷出满口酒气。

"真是！你是什么地方的？我抓妻子打妻子关你屁事？"女人的丈夫气冲冲地说。

李卜克内西劝不住马克思。马克思听了这话，心里好生气。

"你扶妻子回家就行了，为什么要动手抓她打她呢？"他又粗声粗气地说，"我警告你，女人也是人，男女都一样，不能欺负女人。真气人！你们伦敦人怎么就爱打老婆？"马克思说完转身欲挤出人群。可周围的人紧紧包围着两个外国人，似乎已不准他俩轻易离去。

"伦敦人打老婆又怎么样？我们打自己的老婆关你外国人什么事？……"

"你，你是好男人，好男人，不打老婆。"喝醉酒的女人东倒西歪地朝马克思靠过来，马克思连忙搀扶着她。

"呃，岂有此理！伦敦人打老婆为什么要受这可恶的外国人管？"人群中有人故意挑衅。

"说得对，伦敦人打老婆不允许这个外国人管！……"周围的人把攻击的目标对准了马克思，对准了两位陌生的外国人。

李卜克内西见周围越挤越紧，一双双眼睛都不友好地盯住马克思，他心里好生紧张，又不知所措。劝那男人快扶妻子回家吧，那喝醉的女人却死皮赖脸地拖着马克思的风衣；这时拖马克思挤出人群也是根本不可能的，即使人不多，他也不会随便将一个喝醉酒的女人甩开不管，她跌跌撞撞的，他只好去搀扶着她。

男人们嫉妒的目光眼看就要喷出火光了，马克思和李卜克内西都有挨伦敦人拳头的危险。一场善意的干预被人反唇相讥，恶意对待。眼看他们将要付出毫无意义的代价，怎么办？

这时，两个强壮的警察挤进了人群，问明事因，总算拉开了那醉酒的女人。马克思和李卜克内西才挤出重围。

一辆夜间打道回家的马车上，留下两个流亡者一路沉重的笑声。

# 33 │决斗

1850 年，共产主义者同盟内部发生了分裂，同盟开除了一些冒险主义者。维利希和沙佩尔领导了这个冒险集团。

在和维利希派的争论越来越激烈的日子里，有一天晚上，维利希突然向马克思提出决斗。马克思虽然是个容易冲动的人，但他在关键时刻能准确把握自己，一切从革命事业成功的大局出发。

"我们两人谁对谁错，无休止的争论是没有用的，还不如来一场决斗，看最终谁胜谁负，那才过瘾、痛快！"维利希同马克思在理论争论上又一次败下阵来，心生诡计，荒唐地进行挑战，企图用决斗来分胜负。

"维利希，请冷静一下。在对事物的认识上不是用一场简单的决斗就可以解决问题的。"马克思对这个带有普鲁士黑打手味道的无聊计谋当面回绝。

刚过几日，维利希又向马克思发出决斗的邀请。马克思对冒险主义集团的无聊举动做了回避。一些同盟的盟员们也寻机要马克思暂时离开伦敦，帮助他回避这场用心险恶的决斗。

维利希向马克思发起决斗的消息传到了伦敦的大学里。年轻性急的大学生盟员康拉德·施拉姆热血沸腾，认为这是维利希对马克思的故意贬低甚至凌辱。

"维利希，你有什么资格向马克思挑战？你应该看看自己的嘴脸。你分裂我们的同盟还不够，还想侮辱我们的领导者，肚子里藏了什么见不得人的东西？快给我掏出来！"血气方刚的施拉姆越说越激动，"有本事，我俩来一场决斗。我现在正式向你挑战！"

维利希当场受了凌辱，咬牙切齿地接受了施拉姆的挑战。

决斗商定在比利时的海边举行，监场人是巴特尔米。维利希要求一定用手枪。施拉姆在这之前从来没有拿过手枪，可维利希在 20 步开外百发百中。

施拉姆根本不听马克思、家人和其他友人的劝阻。他认为遵守这里大学生的习惯，也应该向维利希提出挑战；为了马克思的尊严，为了打击左倾冒险集团的嚣张气焰，更应该向他提出挑战。泼出盆的水收不回，大家都在为施拉姆这位年轻的勇士担心。

燕妮、琳蘅和李卜克内西等一些知情人在那海滨决斗的日子里，不知是怎么度过的，他们一分一秒地计算着时间……决斗的日子终于过去了。

第二天的傍晚时分，经常来马克思家里的巴特尔米推开门，直奔马克思的住房。当时，马克思本人不在家，家里只有马克思的夫人和琳蘅。

"怎么样啦？"燕妮和琳蘅齐声问这个决斗场上的监场人。

巴特尔米向惶恐不安的问语人深深鞠了一躬，用沉痛的声音回答："子弹击中了脑袋！"说完这句话后，他又深深地鞠了一躬，然后转身就走了。

燕妮一阵剧烈的惊恐，天旋地转。琳蘅连忙扶她躺在床上。

一小时后，他们才把噩耗告诉李卜克内西，大家都认为这个年轻气盛的施拉姆勇士一切都完了。

第二天，当燕妮、琳蘅、李卜克内西很悲痛地追忆英雄的时候，门开了，一个头上裹了绷带，但脸上洋溢着微笑的施拉姆突然走进了房间。

他没有死……

# 34 | 池塘边的"自由花"

在伦敦西郊的汉普斯泰特荒阜，这里没有房子，没有马车，没有噪声，见不到滚滚的烟云，遍地的金雀花和小树丛布满小山幽谷。在这里漫步、欢闹，用不着担心糟蹋庄稼，吵闹邻居，遇上警察。

星期天，马克思经常带一家人到这里来散步和野餐。

从马克思所住的第恩街到汉普斯泰特荒阜要步行一个半钟头。伦敦人不习惯早起，马克思一家也只好入境随俗，照例到上午 11 点钟才出发。有时为等燕妮和琳蘅把孩子打扮好，把篮子准备好，出发的时间还更晚些。

那篮子是琳蘅从特里尔城带来的，一只在伦敦人看来非常大的篮子，里面盛满食物，成了全家人野餐的"仓库"。"仓库"的丰歉直接由琳蘅口袋里存钱的多少而定，有时也盛上很大一块牛肉，还有茶和糖，有时还有些水果。面包和乳酪照例在汉普斯泰特荒阜买。那里有为游人服务的小日杂店、咖啡店，可以买到餐具、啤酒、热水和牛奶，还可以买到小虾、凉菜和牡蛎。

李卜克内西带两个小女孩走在前面打先锋。他们时而一边走一边互相讲故事，时而一边走一边做体操、采野花。跟随在孩子后面的是另外一些常来家里的好朋友，再就是马克思夫妇和一位或几位星期日来访的客人，再后面就是琳蘅和流亡者中为填饱肚子的最饥饿的客人，客人主动帮助她提篮子。即使来人很多，序列也大致是这样的。

来到荒草地，行走了一个半钟头，腿就突然变得像面条了，大人小孩都在茵茵的草地上写上一个仰天的"大"字，只有琳蘅和燕妮在日杂店里弄茶水和啤酒。吃喝一顿之后，不想小睡的就从衣兜里掏出在路上买的新报纸看看。孩子们邀玩伴捉迷藏，玩腻了捉迷藏就赛跑、角斗和投石头。

有一个星期天，他们在荒丘附近发现了一棵果实已熟的毛栗树。

"让我们看谁打下来的最多！"马克思欣喜得同孩子们一样蹦蹦跳跳，可比起赛来，打毛栗他不是高手。直到最后一颗毛栗子在胜利的狂叫中到手后，大家才肯停手……那天后，马克思的右臂痛了一个多星期，他在写字台上不时发出疼痛的叫声。燕妮或琳蘅一听到这种呻吟，就匆匆过去，笑他，用空心拳捶他的胳膊。

在荒草地骑驴是最大的乐趣。马克思骑术很糟糕，他却故意大肆夸大自己的骑术，说自己对骑术很有造诣。见他一次次地从驴背上跌下后，大伙笑呀，叫呀，闹呀……你推我，我推你，直到笑得倒在草地上为止。这时，马克思就坐定，然后正儿八经地讲他在学生时期曾上过三次骑术课，在曼彻斯特旅行时他骑着可敬的罗辛纳提的马还出去过一次……

"知道吗？这罗辛纳提的马，那可是塞万提斯小说《堂吉诃德》中主人公堂吉诃德骑过的马呢！"马克思还绘声绘色地说，"你们知道吗？那匹马也可能就是普鲁士国王弗里德里希二世的，是送给可敬的格累尔特的那匹温驯的老母马的曾孙哦！……"

"哈哈哈……"荒草地上又一阵大笑。

"也就是说，普鲁士国王弗里德里希二世的老马的曾孙让我给骑了，哈哈哈……"这回,马克思自己也忍不住笑了。

荒草地上一阵欢笑过后,也难免有流亡者提出忧虑和烦恼来。马克思就立即制止他,提醒他这是在荒草地,是星期天:"难得轻松。既然已来到草地上,就尽情地娱乐一回。我们暂时不谈政治,把忧愁忘个干净,休息好也是一种社会职责。"

在漫游时,他们发现一片树荫掩蔽的小池。小池塘边有许多小花,独自开着。李卜克内西高兴得手舞足蹈,指着一种小花给马克思和一旁的孩子看:"一大发现,我有一大发现。这是一朵野生的活生生的'勿忘我'!"

马克思看李卜克内西的那个高兴劲,独自加快了脚步,离开人群,来到了一个浓密的好像褐绿天鹅绒一样的草场。在一个避风的地方,他蹲下身来,然后高兴地拍着手跳呀,喊呀,比李卜克内西跳得更欢:

"快来呀!快来看呀!我老马也有发现,这里有朵'自由花',一棵野生的唐水仙!"

"唐水仙!小时候我在学校里学到过。这种花只在南方有,在日内瓦湖畔、意大利和希腊才有,怎么会生在北方?"

这确是一大发现,英国有适合植物生长的意大利气候。毫无疑问,这就是最普通的淡蓝色的唐水仙,只不过它的花朵比家生的唐水仙小一点,它的茎没有家生的唐水仙那么多,但是香味是一样的,而且还稍浓一些。李卜克内西不得不承认这是一朵唐水仙"自由花"。

太阳西斜了,归途的序列与出来时正好相反。孩子们跑了一天,疲倦了,便与琳蘅和篮子在一起。篮子空了,琳蘅走起来也轻快些,也方便她照顾孩子。回家的路上一路歌声,却很少唱激烈的政治歌,主要唱民歌,唱浓郁情调的和一些关于"祖国"的"爱国歌"——

噢，

斯特拉斯堡，

噢，

斯特拉斯堡，

你这座美好的城哟！

…………

有时孩子们唱起歌，还一路跳起舞来。

马克思就尽其所能显示他惊人的记忆力。精力充沛时，他把《神曲》整部书全背出来，还背莎士比亚的剧词。因为燕妮对莎士比亚的作品也是深有研究的，可以引起妻子的兴趣。这时的妻子即使玩得精疲力尽了，也会强打起精神来，不时接背丈夫朗诵的后面一段……

荒草地里又绽开一朵朵娇艳的"自由花"来。

## 35｜家庭朗诵会

什么浑话！你的脚，你的手，

你的屁股，你的头，这当然是你的所有；

但假如我能够巧妙地使用，

难道不就等于是我的所有？

我假如出钱买了六匹马儿，

这马儿的力量难道不是我的？

我驾驭着它们真是威武堂堂，

真好像我生就二十四只脚一样。

这是德国大诗人歌德的一首诗。马克思用洪钟般的声音朗诵过后，他紧接着给大家谈货币："货币，因为具有购买一切东西、占有一切对象的特性，所以是最突出的对象。货币的这种特性的普遍性是货币的本质的万能，所以它被当成万物之能。货币是需要和对象之间、人的生活和生活资料之间的牵线人……"

随着一串串掌声，最小的女儿爱琳娜一路小跑来到了小房子的中间，站在爸爸朗诵的位置上。妈妈忙过去帮孩子端正衣冠，说声"开始"，于是，银铃般的童声又响彻小屋：我朗诵的是莎士比亚的《雅典的泰门》——

> 金子！黄黄的、发光的、宝贵的金子！
> ···········
> 这东西，只这一点点儿，
> 就可以使黑的变成白的，丑的变成美的；
> 错的变成对的，卑贱的变成尊贵的，
> 老人变成少年，懦夫变成勇士。
> ···········

莎士比亚是马克思一家最亲密的老师，首先是因为马克思最崇拜这位英国大戏剧家、诗人。后来，燕妮、恩格斯也研究莎士比亚的作品，在《马克思恩格斯全集》里，莎士比亚的名字不少于150次。

马克思家里还经常举行莎士比亚作品专场朗诵会。

古希腊罗马的悲剧作家埃斯库罗斯，德国的大诗人和剧作家歌德，也是马克思一家崇拜的大师，他们都是马克思一家在语言、文学、艺术和哲理等方面的好老师。

参加马克思家里举行的文学作品朗诵会的，除马克思夫妇和他们的三个女儿外，还有恩格斯，剧作家艾德华·罗兹，女演员捷奥多拉·莱特，女作家多莉·雷德福，以及多莉·雷德福的丈夫、法学家、诗人亨利·尤塔等一些文艺界朋友。

马克思的三个女儿都没有能够系统地完成学业。上完中学后，马克思就再也无力负担大学高昂的学费。但是父母广博的知识、良好的家庭教育弥补了这一不足，姐妹仨都在这所家庭大学里得以造就。

马克思在家庭朗诵会结束后，还常常对孩子们说："关于艺术，大家知道，它的繁盛期不一定同社会的一般发展成比例，也不是同物质基础的一般发展成比例……"

"我们现在假定人就是人，而人同世界的关系是一种人的关系，那么你就只能用爱来交换爱，只能用信任来交换信任，等等。如果你想得到艺术的享受，那你就必须是一个有艺术修养的人。如果你想感化别人，那你就必须是一个实际上能鼓舞和推动别人前进的人。你同人和自然界的一切关系，都必须是你的现实的个人生活的、与你的意志的对象相符合的特定表现。"

…………

在这个家庭里，三个孩子接受了马克思和他朋友们的教育，从小就开始了解政治，关心政治，还不时向父亲提出一些跟孩子难以说清的政治问题。而马克思总是像谈心般地把政治问题说得非常通俗，孩子们一听就懂。

在马克思的教育下，小燕妮、劳拉、爱琳娜三个女孩先后成了初期的社会主义者，她们从母亲手中接过马克思的秘书工作，同时投身巴黎火热的革命斗争中。小燕妮和劳拉都嫁给了巴黎公社的成员、早期的社会主义者，走上了革命的道路。最小的女孩爱琳娜不仅成为早期的社会主义者，还成为英国莎士比亚学著名学派中的一名生力军。

## 36 | 流亡的一天

生命尚存，良知还在。马克思一家人就有 4 个国籍，因为每个孩子出生在一个不同的国家。燕妮在流亡中写给魏德迈的一封信中述说了流亡的一天：

我只要把我们一天的生活情况如实地向您讲一讲，您就会看到，过着类似生活的流亡者恐怕是不多的。因为这里奶妈工钱非常高，尽管我的胸和背部都经常痛得厉害，我还是决定自己给孩子喂奶。但是这个可怜的孩子从我身上吸去了那么多的痛苦和内心的忧伤，所以他总是体弱多病，日日夜夜忍受着剧烈的痛苦。他从出生以来，没有一个晚上是睡到两三个小时以上的。最近又加上了剧烈的抽风，所以孩子终日在生死线上挣扎。由于这些病痛，他拼命地吸奶，以致我的乳房被吸伤裂口了，鲜血常常流进他那挤动的小嘴里。

有一天，我正抱着他这样坐着，突然我们的女房东来了。我们一个冬天已经付给她 250 多塔勒，其余的钱按合同不应该付给她，而应该付给早已查封她的财产的地产主。但她否认合同，要我们付给她 5 英镑的欠款，由于我们手头没有钱（瑙特的信来得太晚了）。于是来了两个法警，将我不多的全部家当——床铺衣物等——甚至连我那可怜的孩子的摇篮以及眼泪汪汪地站在旁边的女孩们的比较好的玩具都查封了。他们威胁说，两个钟头以后要把全部家当拿走。这样我就只有同冻得发抖的孩子们睡光地板了。

我们的朋友施拉姆赶忙进城去求人帮忙。他上了一驾马车，马狂奔起来，他从车上跳下来，摔得遍身是血，被人送回我们家来，那时我正和我可怜的发抖的孩子们在哭泣。

第二天，我们必须离开这个房子。天气寒冷，阴暗，下着雨。我的丈夫在为我们寻找住处，但是他一说有4个孩子，谁也不愿收留我们。最后有一位朋友帮了我们的忙，为我们付清了房租，我很快把自己所有的床卖掉，以便偿付药房、面包铺、肉铺、牛奶铺的欠款。他们听说我被查封财产都吓坏了，突然一齐跑来向我要账，把出卖了的床从家里抬出来，搬上小车——您知道，又出了什么事？当时天色已晚，太阳已经落了，按英国的法律在这个时候是禁止搬运东西的。于是房东领着警察来了，说里面可能有他的东西，说我们想逃到外国去。不到5分钟，我们门前就聚集了不下二三百个看热闹的人，切尔西的流氓全来了。床又搬了回来，只好等第二天早晨太阳出来以后再交给买主。

最后，当我们卖掉了一切家当，偿清了一切债务之后，我和我的可爱的孩子们搬到了莱斯特广场莱斯特街1号德国旅馆，我们现在住的这两间小屋。在这里我们每星期付5个半英镑才凑合住下来。

# 37│挣脱"洞穴"

1850年年底以后5年，是马克思关心各国革命运动，从事《资本论》创作的重要时期，他几乎连稿费也没有了。他们一家先后住在伦敦贫穷的索荷区第恩街的64号和28号，这里都是低矮、阴暗、潮湿的"洞穴"。

马克思在这里创办的《新莱茵报·政治经济学评论》期刊每期印刷2500份，政治理论期刊很难发行。他经常为美国《纽约每日论坛报》写文章，但每篇文章稿费很少超过20马克。美国人给欧洲人的稿酬低，马克思也知道自己在受人剥削，但是除此没有任何选择的余地，只有这样才能把他的思想传播到美洲。凭着这点稿酬，全家人过着极贫苦的生活。

这一年，连这一点仅有的"小溪流"也被堵塞了。民主主义报纸《纽约每日论坛报》的出版家德纳在刊登马克思的文章时不再署马克思的名字，而一直把马克思的所有文章用他自己的名字"德纳"发表。因为这个原因，马克思的名字当时在美国很少有人知道，因此他几乎不可能很快找到另外一家报纸发表他的文章。

马克思对德纳的卑鄙行为非常愤慨，坐在书房里干着急，因为钱的困惑，而没有什么好的办法来对付这家伙，也只好作罢。

肝病开始折磨马克思，燕妮的健康也受到损伤。11 月 19 日，不满一周岁的吉多因患肺炎死去。这时马克思和燕妮是沉重的打击。

1852 年复活节的这一天，可怜的小弗兰契斯卡得了严重的支气管炎，孩子和死亡搏斗了 3 天之后，小尸体停放在后面的小房子里。马克思一家大小都只好搬到前面房间来，晚上睡在地板上，父母和 3 个仅存的孩子都为停放在邻室的冰冷而苍白的天使痛哭。一位法国流亡者友善而同情地给了两英镑，他们才付清了小棺材的钱。小女孩出世时没有摇篮睡，在死后才好不容易得到小棺材。

恩格斯除写信和看望安慰外，为了这一家人的生活，他只好又到他讨厌的父亲的工厂里去工作。他在曼彻斯特通过邮车给马克思汇钱并送给他所需要的东西，信中还经常抱怨马克思隐瞒自己的困难。

面对生活上的绝境，马克思不得不向恩格斯坦白地承认："我在图书馆的工作本来早就可以结束，但是，间断太多，阻碍太大；而在家里，由于一切总是处于紧急状态，并且流不尽的眼泪使我整夜烦恼和生气，自然干不了多少事情。我感到对不起我的妻子。主要的负担都落在她的身上。实际上，她是对的。尽管如此，你该记得，我生来就缺乏耐性，甚至有些严厉，所以常常不够冷静。"

一段时间，马克思连到英国博物馆查找资料也去不成了。他风趣地说："一星期以来，我已达到非常痛快的地步：因为外衣进了当铺，我不能出门；因为不让赊账，我不能再吃肉。"他又说："几个星期以来，特别是最近两个星期，我每天不得不奔走 6 小时找那倒霉的 6 个便士，为了能往牙齿上放点什么……"就连很少的稿费也断流了。绝望的时候，恩格斯从曼彻斯特的回信中说："这些美国佬简直是非常可恶的家伙。看来，《纽约每日论坛报》的先生们认为，他们已经把你像柠檬一样挤干，现在可以去挤另一个人……2 月初我特寄给你 5 英镑，往后你每月都可以收到这个数字……当然，你不要因为我答应每月寄 5 英镑，就在困难的时候不再另外向我写信，因为只要有可能，我一定照办。"

马克思把信中的这几行念给燕妮听，燕妮激动得流出了热泪，她说："他所以干这个不喜欢的职业，完全是为了能够帮助你，他是多么喜爱研究哲学和文学啊！"

马克思也流出了热泪，泪水流进了他浓密的胡须里。他曾经最担心燕妮，这个生于吃鱼吃肉、穿红戴绿的贵族家庭的小姐，也同他一块在艰难得如同乞丐般的生活里拖过来了。要不是她，要不是恩格斯，还有琳蘅，他的一家早就得散伙，甚至饿死了。

这些年里，伦敦的政治流亡者们不团结，穷困的生活更加剧了他们的苦恼和怨恨。马克思还要同流亡者中的蛊惑家、野心家和"大人物"进行不倦的斗争。这些人对他的中伤，马克思毫不在意，只有燕妮和琳蘅非常恼火。

各国反动政府对 1848 年至 1849 年所经历的起义事件心有余悸，要不遗余力地消灭"祸根"，即消灭那些被他们称作"头目"和"鼓动家"的人。他们千方百计地要促使英国把这些人驱逐出境，同时俄国沙皇、普鲁士国王和路易·波拿巴派来伦敦的密探越来越多。这些家伙们很内行，他们不把蛊惑家放在心上，而是死死盯住马克思和他的朋友们。他们也不嫌弃英国告密者的效劳。

马克思和恩格斯曾多次给英国报纸写信提出抗议，在一封刊登在《旁观者》周报的信中，他们强调："我们住宅的门前，还有些样子极其可疑的人经常守望着，他们非常耐心地记下我们的所有访问者的来往情况。我们每走一步都有人在跟踪。我们无论是坐公共马车或进咖啡馆，都至少会有一个这种不相识的朋友跟随而来。我们不知道做这种惬意事情的先生们是否'在御前供职'，但是我们十分了解，他们大部分都是非常不清白的和不怎么受尊敬的人。"

一个普鲁士警察局的密探，1853 年混进第恩街的马克思家里。他对马克思在伦敦第恩街的生活向政府作了如下一段报告：

这个党（共产党）的头目是卡尔·马克思；他的助手是弗里德里希·恩格斯，在曼彻斯特；弗莱里格拉特和沃尔弗（所谓的鲁普斯），在伦敦；海涅，在巴黎；魏德迈和克路斯，在美国；毕尔格尔斯和丹尼尔斯，在科伦；维尔特在汉堡。所有其余的人都是这个党的一般成员。

马克思确是党的首脑和灵魂，这就是我认为必须给这个人物画像的原因。马克思中等身材，34 岁，但头发已经开始花白；体魄健壮，脸有点像匈牙利革命家瑟美列，不过脸色比他黑，头发和胡须也比他黑，胡子从来不剃。他那双明晰的眼睛闪耀着恶魔般的、凶险的光芒，一下子便使人得出他很有才华又很有魅力的印象；高深的知识和教养使他无可争辩地凌驾于周围的人们之上。

他的夫人是普鲁士大臣冯·威斯特华伦的妹妹，一个很有教养和平易近人的女子，由于很爱自己的丈夫，她习惯了这种放浪的生活，对穷困也安之若素。她两个女儿，一个儿子，三个孩子都长得挺漂亮，都有他们父亲那样的聪明的眼睛。马克思虽然一般说来是急性子，很粗野，但是作为丈夫和父亲很温存和细腻。

马克思住在伦敦最穷也是最便宜的住宅区，他租的套房只有两间，一间对着街，这是客房，后面那间是睡房。屋里的家具都糟透了，简直不成样子，都是些用坏了的、摇摇晃晃的破烂货，到处是一层厚厚的尘土，所有东西都七零八落。客房中央放着一张上面铺胶布的旧式桌子。桌子上堆满了手稿、报纸、书籍、儿童玩具、破旧衣服和马克思夫人的手工活；除此之外，还可以在那里看到有缺口的茶杯、用脏了的勺刀叉、大蜡台、小酒盅、墨水瓶、荷兰烟斗、烟灰——这一切都乱七八糟地堆在桌子上。来访的人一走进马克思房里，立刻就会堕入烟炭和烟草的弥漫烟雾之中，开头他必须像在山洞里那样摸索着移步，直到眼睛渐渐习惯于黑暗，能够在这滚滚烟雾之中辨别出一些东西为止。

所有的东西都很脏，都盖满灰尘，要想往哪儿坐下去是危险的；一张椅子，一共才三条腿，另外一张碰巧还完整无损，可是孩子们在上面玩着做饭菜，递给客人坐的正好是这张椅子，那上面孩子们做的饭菜还没有擦干净，谁要是坐下去，肯定会把裤子弄脏了。但马克思和他的妻子对这一切丝毫不感到难为情，他们会很殷勤地接待您，给您递上烟斗、烟草，随便从手底下抓一杯清凉饮料端给您。交谈很有意思、很愉快，这就补偿了简陋的陈设和不舒服的条件，您会习惯于跟这些人交往，开始感到这个圈子很有趣，很别致，这就是共产党人领袖马克思的家庭生活的真实写照。

1856 年 5 月到 7 月，燕妮带孩子回特里尔守候在母亲的病床旁，母亲给了她一笔小小的财产。7 月 23 日母亲去世，燕妮带孩子在巴黎停留几天后，于 9 月 10 日回到伦敦。

这笔小遗产再加上恩格斯的资助，使马克思一家终于从第恩街的那个"洞穴"里挣脱出来。

# 38 | 难得的温馨时刻

马克思一家在梅特兰公园附近找到了一所小房子，离汉普斯泰特荒阜和樱草丘不远。

经过第恩街贫困区的"洞穴"生活后，现在看到这绿草如茵的环境，出门不远就是公园，燕妮和孩子们真是入了迷。他们添置了一些家具，也不再拥挤在一起了，马克思也有了属于自己写作的书房。

这个公园附近的格拉弗顿坊离城区较远，到英国博物馆得走整整5千米。幸好马克思是个健走健谈的人，他可以利用散步的机会同时完成去图书馆借书的任务。

当马克思的黑脸容光焕发的时候，燕妮预测他会有什么喜事了。果真，马克思要准备动手写《资本论》了，这是他一生中准备时间最长、付出精力最大的一部巨著。

"你应该先好好休息几天！"燕妮见丈夫高兴得近乎发狂，立即央求他先休整一下。

"休息？"马克思惊异地反问。提起休息，他忽然感到几个星期没有和孩子们好好地一道玩了。于是，他遵从燕妮的安排，把女儿们叫到身边来。

一般，女儿们不到星期天是不敢走进马克思的书房里的，可一到星期天就是孩子们的天下了，马克思把星期天的指挥权全交给孩子们。

"我们来玩玩海战好吗？"马克思提议。

"好呀！"孩子们高兴得搂着他的脖子。

马克思用旧报纸做小船，做完一艘再做一艘，每一艘外表都不一样，很快便做好了一个完整的舰队。

他带着女儿们到小澡房，装满一大木盆水，然后把这些小纸船浮在水面，让这些船互相撞击，并大声叫喊。他还要每个姑娘说一句诙谐的话，或者机智地回答一个问题。这时候，他那在浓眉下面隆起的、乌黑的眼睛便更加炯炯有神。

"孩子们可以教育父亲。"马克思这样对孩子说。在游戏中，他并不独断专行，他对待他的女孩们像对待大人一样，从不向她们发命令。他能就这样同她们玩个把小时，一旦他的精力得到了恢复，他又惦记着他的写作。他把船一艘一艘地点着火，让"舰队"在姑娘们一片响亮的欢呼声中化为灰烬。

"穷开心是消愁的最好办法。"他常这么对朋友们说。

恩格斯在长时间的分别之后，突然到来了。他到来的日子成为这一家的节日。孩子们都收到恩格斯送给她们的礼物，然后，大家可以吃一顿丰盛的餐。这之后，马克思就带着写作方面一些不好解决的问题把恩格斯引进书房。他们谈了看法，再回顾各人分别后生活上的经历，谈到生活中遇到的趣事时会放声大笑起来，笑声感染屋外的人。

孩子们忽然记起了今天是星期天，小燕妮带着妹妹大胆地闯进了书房。

小燕妮生得像父亲，脸色黝黑，头发漆黑。劳拉两颊绯红，前面的鬈发金光闪耀，就像经常有夕阳照耀着似的，很像她的母亲。小燕妮看看这两位笑得前仰后合的朋友，大声说："今天是星期天，不准你们坐在书房里！"

马克思听女儿说是星期天，连忙拍拍自己的头，觉得冷落了孩子，应该出去带孩子们一块玩。于是，他斜眼看了看恩格斯，互相埋怨起来。

"对，对，星期天，只因为是你恩格斯叔叔来了才这么特殊一下。爸爸以后一定记住，一定改正！"马克思向孩子们承认错误。

"不，要马上改正！"小燕妮又说。

"对，马上改正！马上，马上，上马，上马……"马克思说着，立即弯下腰，两只手支在地上，长长的腰弯成马鞍状。

小燕妮忙着把劳拉推向恩格斯，并指使说："我骑爸爸！你骑叔叔！"

"走吧，驾——"小燕妮骑上马克思的背，并喊了起来。

两个孩子从书房里"骑马"出来，小燕妮骑着马克思在前面走着、摇着，好像真的骑着一匹马；后面的恩格斯紧拉着劳拉的脚，弯着腰，一边跳一边走，好像一匹真的上了鞍的马。

"驾——驾——"这场景把全家乐翻了，这是一家人难得的温馨时刻。

## 39 | 大英博物馆的 14 年

英国是"典型的资本主义国家",是世界市场的霸主。

伦敦是世界金融、工业和贸易的中心,同社会主义思想中心巴黎形成鲜明的对照。

英国历史上虽有过伟大空想主义者罗伯特·欧文影响下的全国工联总罢工和大规模的宪章运动,但是在 1847 年的经济危机过后,新的经济繁荣使英国工人放弃了自发的社会主义斗争。这种气氛使作为革命家的马克思感到压抑,使他在伦敦的侨居更加难受。然而对作为思想家的马克思来说,伦敦又是必不可少的,因为这个国际经济中心使他有可能看到整个世界的政治和经济生活,从而扩大视野。

伦敦作为资本主义的先驱和典型的中心,使马克思能够对于资本运行的体系和机制进行全面的科学分析,并用新的事实来丰富自己的学说。

英伦三岛的政治流亡生活对马克思来说,是个人和家庭方面的悲剧;可作为他的主要著作——《资本论》的思想和材料,这种生活又是他纵有万贯家私和天堂之乐也无法替代的。

伦敦是马克思一生的最后一个阶段,好像是由历史事件的内在逻辑为他预先准备好了似的,好像是历史事件将马克思的各个发展阶段做了很理想的安排，帮助他登上了一个新的阶梯，促使他把在欧洲大陆上受到的教育加以完善。

他不时回顾总结自己前30年走过的路。马克思得出结论：7年曲折的恋爱婚姻是最大的幸福；寻求到人生最高尚的信仰，探索一条理想的发展道路，结识恩格斯这样一些密友，并将全部心身投入伟大的社会主义和共产主义事业之中，这更是人生莫大的幸福……

流亡伦敦之前的30年，在马克思心中留下了美好幸福的回忆。他将前30年生活中的风霜雨雪全略去不计。他认为，在柏林这个全世界公认的哲学思想中心钻研了理论；在科伦，用现实生活检验了自己的理论知识；在巴黎这个社会主义思想中心，发现了历史发展的规律性及其动力——阶级斗争；在布鲁塞尔，使自己的研究成果具体化；在伦敦这个世界经济中心——应是历史为自己着意选择的最理想的政治经济观测点。

于是，他面对生活中的任何困苦，都不沮丧、不颓废，没有什么能挫伤他的意志……

走进英国博物馆，他可以把什么烦恼都抛于九霄云外。英国博物馆收藏着各个民族、各个时代的艺术品，它的图书馆也是世界上最大的图书馆之一。马克思几乎每天都去图书馆，早晨的钟声刚刚响过，他已经在图书馆里了。有个叫威廉·波佩尔的德国青年义务当他的秘书和英文翻译。两人就这么坐在里面，直到晚上关门为止。

马克思在博物馆的图书馆有固定的座位，他的桌子上也同他家里的写字台一样有堆积如山的书，人伏下身去，两边的书把他的上身深深地淹没了。

桌面上未打开的书放得很整齐，翻开的书一本叠一本，书里折叠着角，甚至书里临时用什么文具代做书签……这桌面上一切的一切，马克思离开后，任何人都不可以碰。在家里，燕妮、琳蘅知道，连孩子们也知道，这里的图书管理员同样知道。

图书管理员每天给他拿来一堆新书。经济学、物理学、法律学、数学、化学、文学，甚至外国语的文法书，马克思都进行认真的研究。他身边常常摆着卡片和草稿纸，以便认真做笔记，从每本书中摘录内容提要。凡是他所特别感兴趣的书，他就细心做札记。他在钻研时，一旦冒出新的思想火花，便立即用文字记下来。

有一天，图书管理员好奇地问他："博士先生，你同时可以研究好几十种科学吗？我们的教授通常只能攻读一种专业！"

马克思对管理员这种干扰有点不快，他敏捷而风趣地回答："亲爱的朋友，所以也有很多教授戴着遮眼罩呀。如果人们要认识世界和改造世界，人们就不要只在一块草原上去赏花嘛！"

在伦敦那段时期里，马克思完全掌握了英文和西班牙文，广泛研究了各种政治经济学方面的文献资料，并写出《路易·波拿巴的雾月十八日》《1848 年至 1850 年的法兰西阶段斗争》等好几本书。

去了图书馆不想家里的事，回到家里不想图书馆的事。这个非常时期，他要为维持家庭生活而奔波，还要同那些形形色色的小资产阶级派别进行严酷的、不停的斗争。这种非普通人所能忍受的、长期的艰苦工作以及多年贫困所造成的极坏的健康状况，从未动摇过他的意志，也从未迫使他停止工作。

一天，他看着写字台上的一大堆稿纸失态得像孩子般大声叫嚷："我已准备好，我要动手了，动手——动手——"

燕妮、琳蘅和孩子们都呆呆地看着他，哑然失色。

马克思经过 14 年的准备，才决定开始写作《资本论》。

## 40 | 愧疚的心灵

1862 年，马克思利用外出的机会绕道从异国回到过特里尔，看望了越来越苍老的母亲。

马克思想找份工作，无果。经济上的困难，加上无法在自己家待下去了，他回到了伦敦。这时，突然从特里尔传来噩耗：1863 年 11 月 30 日，母亲逝世。

马克思立即从伦敦赶赴特里尔奔丧，为自己亲爱的又固执了一辈子的母亲流下了悲痛辛酸的泪水。

"母亲，您醒醒啊！"马克思还有许多话要对母亲说。

为了寻求真理，实现自己的伟大理想，唤醒无产阶级砸碎自己身上的枷锁，推翻剥削阶级的统治，实现劳动人民自己当家做主……马克思在政治斗争的旋涡中流亡，与无产阶级所有的敌人做斗争，带领一家老小凭着精神支柱的维系，心甘情愿地一次次在贫困的死亡线上煎熬。

他想对母亲诉说：

您反对孩儿的婚事，您反对孩儿由能赚钱的法律专业转为哲学专业……这些，孩儿都使您老人家大失所望，孩儿没有听妈妈的话，以致妈妈白发苍苍之年还为孩儿的贫困和流亡而抱心病。孩儿知道，这些道理妈妈不可能理解的。

对一个全新的伟大的事业，不理解是暂时的，也是自然的。孩儿却理解妈妈那天下父母所共有的"望子成龙"的心。可眼下孩子执着追求的事业还没有成功，妈妈作为善良的百姓的那份"体面"还没有最终讨回来……

然而毕竟事业在发展，革命运动有了新的起色，《资本论》第一卷的写作也将进入最后阶段。您和大多数尚不理解儿子的人会从中找到圆满的答案。

马克思在母亲的灵柩前静静地、久久地默哀，放任泪水荡涤自己负疚的心灵。

送走母亲后，马克思走访了附近的几家亲戚，便立即返回了伦敦。

尽管自己正处在第二次经济危机中，但他没有为争妈妈的遗产而在家里说上半句话，他只想到自己长期流亡异国而未在膝前尽孝而欠妈妈的太多、太多……

马克思来伦敦不久，家里人按母亲的遗嘱将马克思应得的那份遗产寄来了。

马克思在经济困境中收到了母亲的遗产，收到了一小笔却沉甸甸的希望，收到了一份难以忍受的痛苦。母亲用一生的艰苦、俭朴寄希望于他："愿铁成钢。"

亲爱的卡尔，你每星期都要用海绵和肥皂洗一次澡。你喝的咖啡是怎样弄的？是自己煮，还是怎么的？……祝你健康，想必圣诞节你会有什么要求，只要是妈妈能做到的，我都将乐于去做……

……向你致意并吻你，你永远是我最可爱的、最好的人。

马克思展开在波恩大学读书时收到的母亲写的信，细细地读着。这语重心长的话，使他又一次泪流满面。

马克思终于用母亲的遗产偿还了债务。为告慰母亲，他用这笔钱在哈佛斯拉克小山梅特公园第一次租用了一栋宽敞、舒适、向阳的别墅——莫丹那一号别墅，换一个好一点的环境写作。

别墅里，夜深的油灯熬得哧哧地响……

# 41│吃饭不仅为活着

　　为生计奔波的时候发现了钱的重要，一旦得到了钱又并没有感觉到究竟重要在哪里。马克思随时警惕着自己卷进金钱的怪圈，可关键的时候又被金钱所戏谑，想起来，也嘲笑自己，他最终不为钱所俘虏。他不把钱当回事，有钱就按照需要放开手脚办该要办的事，没钱就再想办法挣。生存的目的不仅为钱，就像人活着不仅为吃饭，吃饭又不仅为活着的道理一样简单。

　　马克思得到钱的时候不去吝惜它，尽管这之前备受钱的折磨，他很快将它花在急于要办的事情上。他立即为一家人改善生活环境，让全家人享受公园式的美丽、幽雅的生活；他拿出一部分钱来资助贫困的朋友，即寄给在德国开展革命工作的威廉·李卜克内西。

　　1864年5月初，突然从曼彻斯特传来了威廉·沃尔弗病重的消息，马克思大吃一惊，为了要同这位"好同志"再见一面，他急急忙忙赶到曼彻斯特。但沃尔弗已于5月9日逝世，马克思没能同这位亲密的战友见上最后一面。沃尔弗留下遗嘱，把自己生活中积攒下来的大约800英镑留给了马克思。看到沃尔弗身上穿着的破旧衣服、节俭的食物……这位严谨刚毅的男子汉在致悼词的时候几次伤心地中断了悼词。

早在 1862 年春季,《纽约每日论坛报》已不再请马克思撰稿了,因为美国国内事件已占了该报的全部篇幅。其他约稿的机会也不经常有。自从 1864 年秋天起,国际工人协会的活动用去了马克思大部分的时间和精力。他忙于活动,以致几乎断了稿酬。因此,1865 年 5 月,马克思一家又陷入贫困的境地。所有可以抵押的东西都逐渐进了当铺,然而即使这样,也还不能使债主满意。为此,马克思的女儿们又不能到学校去上课了,一家人又过着食不果腹的生活。

有一次,恩格斯正好来家里,为了写作想和马克思一同到英国博物馆的图书馆找资料。

"我自己也想上那儿去……"马克思说。

"那么,你穿衣服吧。"

马克思却只是坐着不动。恩格斯再仔细看他的寝衣和鞋子,不禁大笑起来。马克思自己也觉得很滑稽,他的鞋子完全穿破了,而上衣也送到当铺里去了。

一天早上,马克思照常走进他的书房准备工作,这已成了习惯。马克思早晨必定要先看看报纸,他伸手向桌子的右边去取报纸,想拿来看,可桌子上是空空的。马克思皱皱眉头,打开了房门走出来。

他不耐烦地喊道:"燕妮!你忘了给我买报纸!"

燕妮走到他面前,轻声地说:"卡尔,钱不够买报纸了。"

马克思看着她耷拉着头,内心禁不住怜悯起妻子来。他不说什么,向前用力吻了她一下,然后回到书桌旁边准备写稿子。

可桌子上找不出干净的纸了,一张也没有。剩下的全是写满了字的手稿。这一天,连买纸的钱也不够。马克思于是想把两个女儿介绍到工厂里去打工。恩格斯知道后心里非常难过,他反对马克思这样做,因为孩子们还处于应该接受教育的年龄。

恩格斯除每月定期从曼彻斯特寄生活费来外,又一次性寄来了 1000

塔勒。

马克思于 1865 年 7 月底写信给恩格斯："起初我想上你那去当面谈谈这件事。"他又说："老实告诉你，我与其写这封信，还不如砍掉自己的大拇指，半辈子依靠别人生活，每当想起这些，就不禁心酸。这时唯一能使我挺起身来的，就是我意识到我们两人正在从事一项共同的事业，而我则把自己的时间用于这项事业的理论方面和党的方面。"他讲完自己家庭困难的状况，又详细介绍《资本论》的写作进度和国际工人协会的事情。

马克思为了共同的事业，一心扑在党的理论和工作上，仅靠自己研究外的余暇写些稿件以挣点稿酬养家糊口，他很少有能力在金钱上去接济朋友。可是，为着共同的理想，辉煌的人生，他的巨大的人格力量在起作用。朋友不看重他金钱的回报，看重的是用金钱无法比拟的推进整个人类社会历史向前发展的不朽的科学事业。

# 42 | 《资本论》的初稿

马克思早在 19 世纪 40 年代担任《莱茵报》主编的时候，就对政治经济学问题发生了兴趣。他自己曾经这样说："1842 年至 1843 年，我作为《莱茵报》的主编，第一次遇到对所谓物质利益发表意见的难事……是促使我去研究经济问题的最初动因。"

1843 年，马克思迁居巴黎以后，他开始孜孜不倦地研究政治经济学，仔细阅读亚当·斯密、大卫·李嘉图等许多资产阶级经济学家的著作，并做了大量的读书笔记。他这一时期经济学上的研究成果体现在《1844 年经济学哲学手稿》中。在这一著作中，马克思提出了异化劳动的见解，这实质上是他的资本占有雇佣劳动理论的萌芽。

1845 年 2 月，马克思被法国政府驱逐出境，来到了比利时的首都布鲁塞尔。在这里，除继续研读以往经济学家的著作外，他还阅读同时代的资产阶级经济学家的作品，并收集有关经济学方面的材料。马克思打算写一本经济学巨著，书名定为"政治经济学批判"。

1845 年 2 月，他同达姆斯塔德的出版商列斯凯签订了出版合同，可是这一计划未能实现。列斯凯由于受到普鲁士政府和警察当局的压力，要求马克思把这本著作写成纯学术性的作品。马克思拒绝了这个无理要求。后来列斯凯取消了合同。尽管如此，马克思并没有停止对经济学的研究。

由 1847 年出版的批判蒲鲁东的著作《哲学的贫困》和同年 12 月在布鲁塞尔德意志工人协会所做的《雇佣劳动与资本》的讲演，可见马克思当时的研究已经取得了很大成果。那时马克思虽然还没有提出"剩余价值"这一术语，但他已经非常清楚地知道了"资本家的剩余价值"是从哪里产生的和怎样产生的。

由于积极投入 1848 年至 1849 年革命的实际斗争，马克思一度中断了对政治经济学的系统研究。革命失败后，马克思流亡到伦敦，重新钻研政治经济学。

英国是典型的资本主义国家，英国博物馆、图书馆等对于"考察资产阶级社会是一个方便的地点"。

从 1850 年夏天到 1853 年 8 月，马克思从资产阶级经济学家的著作、官方文件和各种期刊中做了大量的摘录，写满了 24 册笔记本。

为了深刻理解资本主义生产，他还阅读各种自然科学技术书籍。例如，为了弄清地租，他研究了农艺学，特别是农业化学。他千方百计熟悉科学技术上的发明创造。他在 19 世纪 50 年代最初几年，摘录了生产中应用物理学和数学等的历史资料。

在 19 世纪 50 年代初期，马克思着重探讨的是货币理论和地租理论。他再次仔细阅读李嘉图的主要著作《政治经济学及赋税原理》，并做了许多概括性的批注。

在 19 世纪 50 年代中期一段时间，马克思忙于为报刊撰稿，没能够集中精力研究政治经济学。1857 年经济危机的暴发，推动他加紧经济学的研究。他期望这次经济危机会引起新的革命。他想尽快从理论上进行总结，用社会发展的经济知识来武装工人阶级，提高他们的觉悟，使他们认清自己的革命任务。他夜以继日地进行紧张的工作。

从 1857 年 7 月至 1858 年 5 月短短 10 个月时间内，马克思写成了厚达 50 个印张的篇幅巨大的手稿，平均每个月完成 10 万余字的写作任务。这就是《资本论》的最初稿本。这部手稿在马克思经济学说的形成中占有非常重要的地位。正是在这部手稿里，马克思第一次提出了剩余价值理论，揭露了资本家剥削工人的秘密，为此继他的第一个发现——唯物史观之后，完成了第二个伟大发现。

这部手稿，马克思不是为了发表而写的，"是为了自己弄清问题"而整理的。从 1858 年年初开始，他在这一手稿基础上开始写《政治经济学批判》一书，并打算分册出版。他本想尽快完成第一分册，但事与愿违，由于长期通宵达旦地工作，他劳累过度，不断患病。

1858 年 4 月 29 日，他在给恩格斯的信中说："我长久没有写信，可以用一句话向你解释，就是不能执笔。这不仅就写作而言，而且就这句话的本来意义而言的……给《纽约每日论坛报》一定要写的少数几篇文章，我是向妻子口授的。但就是这一点，也只是在服用药物之后才做到的。我的肝病还从来没有这样厉害地发作过，一度曾担心肝硬化。医生要我旅行。但是，第一，经济情况不许可；第二，天天希望能够再坐下来工作。总是渴望着手工作而不能做到，结果倒使得情况恶化了。不过一星期来我已有好转，但还不能工作，要是坐上几个钟头，写写东西，过后就得躺好几天不能动。我焦急地盼望这种状况到下星期能够结束。这事来得太不是时候了，显然是我在冬季夜里工作过度所致。"

# 43 | 《资本论》的艰难问世

贫困的生活给马克思带来巨大的困难。为了养家糊口，马克思不得不经常花费很多时间为《纽约每日论坛报》等报刊撰稿，以取得微薄的稿酬。这就使他不能把主要精力用来写作经济学著作。但写作拖延的更重要原因是马克思对自己著作的严格要求。1858 年 11 月 12 日他给拉萨尔写信："至于手稿推迟一事，起初是病耽搁了，后来我为了稿酬必须赶写其他著作。但是主要的原因是材料我已经搞好了，所差的只是给它一个形式。然而，在我所写的一切东西中，我从文体上感觉出了肝病的影响。而我有双重理由不允许这部著作由于医疗上的原因而受到损害：它是 15 年的，即我一生的黄金时代的研究成果；这部著作第一次科学地表达了对社会关系具有重大意义的观点。因此，我必须对党负责，不让这东西受肝病期间出现的那种低沉的呆板的笔调所损害。"

1858 年 5 月，他从《经济学家》杂志了解到资产阶级经济学家詹·麦克拉伦发表了《通货简史》一书，说："我的理论良心不允许我不读这本书就写下去。"可是在英国博物馆的图书馆里，新书要几个月后才能见到，而马克思又买不起这本书，于是工作就停下来了。他不得不向亲密朋友恩格斯求援，直到恩格斯寄钱来。

同年 8 月，马克思开始写《政治经济学批判》第一分册的初稿，用了 5 个多月的时间写成。但他无法把稿子寄走，因为他身边一分钱也没有，付不起邮资和保险金，而保险又是必要的，因为他没有手稿的副本。他在给恩格斯的信中开玩笑地说："未必有人会在这样缺货币的情况下来写关于货币的文章。"只是在 1859 年 1 月，他收到恩格斯两英镑的汇款以后，才把手稿寄给出版社。

马克思在《政治经济学批判》第一分册中运用唯物辩证法，深刻地揭示了商品的二重性、商品的使用价值和价值之间的矛盾。他发展了商品所凝结的劳动的二重性。这一发现非常重要，是"理解政治经济学的枢纽"。正是从分析商品这一资产阶级社会的细胞开始，马克思制订了他完整的经济理论。

第一分册在柏林出版后，马克思本想继续写作，可是状况没有好转，为了取得一点报酬，他还是不得不花许多精力去干他不愿意干的事情。1862 年 4 月他在给拉萨尔的信中谈道："为了不致饿死，最近一年来我不得不从事最乏味的机械呆板的工作，而且往往整月整月不能为我的这部著作写一行字。"

大量的实际活动也拖延了其他分册的写作。19 世纪 50 年代末和 60 年代正是民主运动复兴的时期。1864 年伦敦成立了国际工人协会，即第一国际。作为这个协会的灵魂，马克思亲自起草协会的第一个公告以及许多其他决议、声明和宣言。

从 1861 年 8 月到 1863 年 7 月，马克思又写了 23 个笔记本，共约 200 印张的手稿。这是继第一分册手稿之后的整个《资本论》的第二个稿本。在写作过程中，马克思于 1862 年改变了原来分册出版的想法，决定用"资本论"作为书名，"政治经济学批判"作为副书名来出版。

从 1863 年年初起，马克思对手稿各部分开始进行详细加工，用大量的新材料和新结论加以充实。他白天在英国博物馆的图书馆阅读各种书籍，夜间写作。

从 1863 年 8 月起，马克思集中精力研究第二个稿本中没有得到充分发挥的那些篇章，首先是资本的流通和剩余价值的转化形式问题。

同年 12 月底，他完成了整个《资本论》的新稿本。他当时已经确定把这一巨著写成四卷：第一卷是资本的生产过程，第二卷是资本的流通过程，第三卷是资本主义生产的总过程，第四卷是剩余价值学说史。恩格斯建议先把第一卷整理出来。马克思同意这样做，并开始对涉及第一卷的内容部分进行誊写和润色。

1867 年 3 月底，《资本论》第一卷终于大功告成。4 月 10 日，他亲自带着稿子，乘船去德国海港城市汉堡，把稿子交给出版商奥托·迈斯纳，然后到汉诺威去，住在他的朋友库格曼医生的家里。在那里他校订了《资本论》的头几个印张。5 月 19 日返回伦敦。大约经过 3 个月的时间，他看完了全部校样。同年 8 月 15 日夜里，他刚看完校样，就怀着十分兴奋的心情告诉恩格斯："这本书的最后一个印张……刚刚校完……这样，第一卷就完成了。其所以能够如此，我只有感谢您！没有您为我做出的牺牲，我是绝不可能完成这三卷书的巨大的工作的。我以满怀感激的心情拥抱您！"

马克思在第一卷题词献给 1864 年逝世的威廉·沃尔弗："献给我永远怀念的朋友，勇敢的、忠实的、高尚的无产阶级先锋战士……"

《资本论》前后历时 25 年，第一卷第一次印刷 1000 本，一部划时代意义的著作问世，凝聚马克思半辈子的辛勤劳动。

《资本论》以令人信服的逻辑，证明了资本主义社会必然会被共产主义社会所代替，指出了工人阶级的历史使命。由于《资本论》揭示了资本主义社会的经济运动规律，他终于把社会主义从空想转变为科学。

在《资本论》里，马克思还阐明了科学共产主义的各个组成部分，政治经济学、辩证唯物主义和历史唯物主义、社会主义革命和无产阶级专政的学说。《资本论》一书是马克思理论创作的最高成就。早在第一卷印刷以前，马克思已经准备好了其余两卷的初步结构。

1867年9月以后，马克思立即继续从事其余两卷的整理和写作，可是没等他完成夙愿，死神就夺去了他手中的笔。恩格斯把《资本论》第二卷、第三卷整理完毕并付印出版。恩格斯不仅是给他的战友马克思，而且也给自己，首先是给他们的前无古人的伟大友谊树立了一座永久的纪念碑。

# 44│《资本论》的巨大影响

经过十多年黑暗的反动统治之后，德国重新有了一个不受资产阶级控制的工人组织。不仅是觉悟的工人，连进步的知识分子也产生了新的希望，他们同情或是参加了工人运动。

威廉·李卜克内西于1862年夏天，经马克思同意，从英国返回德国，作为马克思、恩格斯所信赖的人在那里工作，并组织起这支工联队伍。

1863年5月，全德工人联合会在莱比锡成立，斐迪南·拉萨尔当选为主席。马克思为了德国工人阶级的利益，对返回祖国念念不忘。所以他在柏林停留期间就积极活动，以便恢复其普鲁士公民权。普鲁士政府在1848年时不同意恢复他的公民权，现在仍然拒绝他的这项要求。柏林的警察局长毫不掩饰地声明拒绝的理由，说马克思的思想"是共产主义的，至少不是忠于君主的"。

马克思不能回国，德国的工作只有通过朋友开展。

1864年9月的一天晚上，英国、法国、德国、波兰、意大利和瑞士的几百名工人和民主派流亡者聚集在伦敦圣马丁教堂。马克思作为德国工人的代表，和法国工人的代表、英国职工会领袖及其他各国派来的革命民主主义者一起，坐在会议的主席台上。

在这次会上代表德国工人讲话的不是马克思，而是马克思向国际工人协会筹委会推荐的战友埃卡留斯，马克思亲自起草了发言稿。会议通过选举，国际工人协会筹委会领导成员中，马克思的名字列在其中。

11月，筹委会组织了临时委员会，作为国际工人协会的中央委员会。中央委员会一致通过将马克思起草的成立宣言作为纲领，对临时章程也一致同意。这是科学共产主义的巨大成就，因为这样一来，在同国际内部所有非马克思主义流派作斗争的时候，不论在纲领方面，还是在组织方面，都有了坚实的基础。中央委员会的主席是英国工联的领袖、制鞋工人乔治·奥哲尔。总书记威廉·兰克默尔是英国木工和细木工联合协会的创建人之一。这两个人都或多或少地持有明显的小资产阶级改良主义观点。在形式上，马克思并不是国际工人协会的主要领导人。中央委员会的主席和总书记都是英国工联的领袖，埃卡留斯也当过好几年的总书记。马克思接受那些住在伦敦的德国工人的建议，当了德国通讯书记。在中央委员会里，几个国家的通讯书记同主席和总书记一起组成了一个常务委员会。这是一种特设的领导小组，负责准备中央委员会的会议和决议案。马克思经常提出深思熟虑的有益建议，所以在常务委员会中很快就赢得了大家的高度尊敬和充分信任。他简直成了不可或缺的人物。

《资本论》出版的第一天，国际工人协会做出决定，建议所有的工人学习《资本论》。马克思的这部《资本论》在"国际"这支无产阶级大军中很快显示出巨大威力。马克思这位通讯书记，通过德国工联的朋友积极工作，争取德国工联组织加入国际组织。

在国际工人协会中，马克思又担任了俄国通讯书记。他最终虽然没有担任过"国际"的主席和总书记，却是"国际"的实际首脑。从1864年"国际"诞生到解散，马克思始终为制定"国际"的纲领、路线和策略操心，为"国际"开展有效的活动和斗争承担主要的责任。"国际"的文件、决议和宣言几乎都出自马克思之手，"国际"对重大问题采取的措施和在关键时刻作出的决策差不多都由马克思所倡议。

马克思通过"国际"同各国工人组织建立了密切的联系，从他们那里了解各国工人运动的情况，仔细研究他们寄来的消息和材料，认真考察有关各国的文献和资料，对他们的斗争策略提出中肯的意见。马克思在"国际"中起着无人可比拟的重大作用，享有极高的威望。

# 45 | 民主革命党

　　马克思这位德国通讯书记一直因为德国统一和建立德国社会民主党的工作受拉萨尔和施韦泽的阻挠而不快。他对施韦泽推行的纲领并为俾斯麦的统治效劳非常气愤，也为自己和恩格斯等"非常政治人物"不能回到祖国而苦闷。他只有寄希望于《资本论》和朋友李卜克内西、倍倍尔及国内工联会的影响力了。

　　五月的太阳照耀在伦敦上空，马克思从英国博物馆走出来，他绕道经过市街，走到国会大厦。这时一个声音迎面截住了他。"老尼克！"这是女儿小燕妮在亲热地喊马克思的绰号。绰号是这一家子在伦敦生活中特有的幽默。在贫穷和苦恼中的家人常能从中寻找到一份轻松。夫人和儿女们常因为丈夫和父亲黑得可爱，称马克思"摩尔""老尼克"和"山神"，有的朋友因马克思黑得严峻又亲切而称他"雷神"。孩子们把妈妈唤作"妈咪"，把琳蘅叫"尼姆"。女儿们的绰号叫起来特别响亮，特别可爱，这是马克思的发明：大女儿燕妮叫"中国皇帝奎奎"，劳拉叫"卡卡杜"（意思是白鹦鹉），爱琳娜则有好几个外号——"杜西""中国王子古古"或是"矮子阿尔则利希"。从这里可见，马克思同中国有一种特有的潜在感情。第二次鸦片战争期间，马克思撰写了十几篇关于中国的通讯，向世界揭露西方列强侵略中国的真相，为中国人民伸张正义。

马克思听到女儿这么亲热地唤他，心里已预感到喜事来临。

小燕妮跳到父亲跟前，紧紧抱住他。

小燕妮已经25岁了，她像崇拜偶像似的热爱父亲。她也很快成为伦敦的一位政治活动家。小燕妮为分担家庭经济上的困难，未经得父亲的同意就在一个英国人的家里担任家庭教师。马克思常在家里接待的两位国际社会主义活动优秀青年又都被两位女儿看中。小燕妮与比利时的优秀青年龙格很要好，前不久劳拉同一位常来家里拜访"国际领袖"的法国优秀青年保尔举行了婚礼。马克思也为孩子们找到志同道合的革命伴侣而高兴。

这时，小燕妮从爱森纳赫得到一个消息，她想立即告诉父亲。她急得喘不过气来，抱住父亲好一会儿才说出话。

"什么事情？孩子，快说呀！"马克思说。

"邮局送来了一个好消息。"她终于说道，"倍倍尔、李卜克内西的愿望在爱森纳赫实现了，社会民主党在代表大会上已经建立，他们决定加入您的'国际'！"

马克思惊喜地站在街心，小燕妮见他满面喜色，注意留意父亲内心的活动。一会儿，马克思突然抱住女儿的肩膀，大步向前走去，一会儿又突然丢下了小燕妮，让小燕妮几乎跟不上他。

"这件事好，实在太好了！……建立了一个革命党……我必须听听恩格斯对此有什么看法。"

马克思迅速回到家，要给亲密的战友写信。写完信，他匆匆署了名，签了日期"5月5日"。

"哟，1868年的今天，正是我50岁生日呢！"

马克思激动不已。

岁月不饶人，马克思的头发、胡须花白了，身体在熬夜时已明显没有了当年的耐力和支撑力。

他回到书桌上，重又打开去年出版的《资本论》第一卷，把序言的最后几句话读出声来：

"任何的科学批评的意见我都是欢迎的。而对于我从来就不让步的所谓舆论的偏见，我仍然遵守伟大的佛罗伦萨诗人的格言：走你的路，让人们去说吧！"

马克思又想起青年时代，回想起《新莱茵报》、革命以及后来的那些年代……流亡的岁月是难以忍受的。它带来了饥饿、贫困和疾病，也带来了无数的烦恼和可恶的事情。但是他完成了两件重大的历史性工作：建立了"国际"，写完并出版了《资本论》第一卷。50岁的今天又获悉祖国建立了民主革命党，并已决定加入"国际"。

这时，马克思像往日熬夜吃了药物一样的黑脸庞热得赭红赭红的。他立即伏身写字台，翻阅草稿本，继续写作、整理他的《资本论》第二卷。直到全家人和有心的朋友在家里给他张罗生日，他才很不乐意地站起身来。

燕妮今天给马克思破了例，让他痛快喝葡萄酒、抽烟，让他尽兴。

五十知天命。马克思用《资本论》认知了一个世界，看破了一方"红尘"，应验了这句人生哲言……

梅特兰公园路的一号别墅，热闹过后，书房里的灯光又通宵长明……

## 46│惺惺相惜

听说恩格斯要离开曼彻斯特，离开"欧门—恩格斯"公司来伦敦住，马克思高兴得整日哼着小调。他近日放下了一切工作，只为恩格斯找合适的住宅。

1848年革命失败后，他们不得不分开，两位最好的朋友已经分离近20年了。他们为了生计，也为了革命而分离，为了友谊，为了革命又要朝夕相处了。

马克思和恩格斯都具有鲜明而突出的个性，在外貌、气质等方面又各有不同。

恩格斯特别注重仪表，总是精神抖擞，衣着整洁，像普鲁士军队里当志愿兵时准备参加阅兵典礼似的。他平时省吃俭用，绝不乱花一个钱。他热爱学习，对各种知识都有兴趣。革命失败后，他乘帆船取道热那亚到英国，他利用这个机会学习航海知识，每天在船上写日记，记录太阳的位置、风向、海潮的变化。最先吸引恩格斯的是语言学和军事艺术。普法战争更引起了这位军事战略家的注意，他每天注视作战双方的军队，而且从他在《派尔—麦尔新闻》发表的论文中可以看出，他经常预测德军参谋总部的战略部署。恩格斯曾预言拿破仑军队将被包围。这些预言引起了英国报刊的极大注意，被人疑为是出自军事专家之手，因此，马克思的大女儿燕妮送给他"将军"的绰号。

恩格斯会20多种语言，并且还注意研究他所到之处的方言。为了使和他通讯的人高兴，他常故意把对方语言的方言写进信里，如用俄文、法文、波兰文等语言给当地友人写信。收集方言通俗作品更是他的一项业余爱好。没有一种知识是恩格斯不感兴趣的。一次，因为住在他家里的弗赖贝格尔夫人当时正在准备医学考试，他也很有兴致地阅读起产科医学书籍。马克思曾指责他，为了个人的爱好去研究许多科目，分散了精力，"没有考虑到为人类工作"。恩格斯也笑马克思，说："我倒很乐意烧掉那些关于农业情况的俄文书刊，这样的话，你还怎么写作《资本论》呢？"

马克思称恩格斯是一部"百科全书"。但恩格斯丝毫没有关在书房里的书生气，他是一位好动的勇敢"骑手"。生活上他也很有条理。他把什么东西都抄录、整理并保存下来。他工作起来反应敏捷、速度惊人而有条不紊。在他那宽敞而明亮的工作室里，靠墙的地方摆满了书柜，地板上没有一片纸屑。而书籍，除了放在书桌上的10来本之外，都放在应放的地方。一位学者的工作室倒像一间客厅。

恩格斯是一位较好的战略家，却不是一位优秀的指挥员，马克思的组织才能是恩格斯所佩服、倾慕的。马克思在离开《新莱茵报》时总让恩格斯代替他的领导职务。虽然恩格斯在编辑部才华横溢，可还不像马克思那样享有很高的威信。有一次，马克思从维也纳回来，恰好碰上编辑部内部闹纠纷，恩格斯感到很棘手。当时，关系非常紧张，似乎只有决斗才能解决问题了。马克思的到来，立即使问题烟消云散了，恩格斯称他生来就是一个天才领导人。就连在马克思非专长的事情上，他也能博得大家的信赖。沃尔弗在曼彻斯特病危的时候，医生认为他已经没有希望了，但是恩格斯和沃尔弗的其他朋友们都不相信这个冷酷的判决，他们异口同声地说应当马上打电报请马克思来。

这两位极好的朋友也有意见不一致的时候，但尽管一时争执得面红耳赤，过后谁都不记在心中。一次，他们为阿尔比教派的问题争论了好几天。当时马克思正在研究中世纪犹太教和基督教财政学家的作用。为了取得一致的意见，他们在下一次见面以前都各自要仔细地思考争论的问题。对他们来说，任何对他们的思想和著作的批评都不及他们彼此交换意见那样意义重大。马克思称赞恩格斯博学、思想灵敏，恩格斯对马克思的分析和综合能力深表赞叹。

看起来，恩格斯外表显得"骑士"般浪漫，其实他是非常持重的人，就连整天同他打交道的商人也认为他只不过是一个善识醇酒美味和谈锋甚健的人物而已。恩格斯却不轻易在不投机人的面前表露自己的学识，马克思称他是欧洲最有教养的人。

恩格斯本人的治学态度非常严谨，但他屡次为马克思那种谨慎的学习态度而烦恼。因为马克思无论提出一个什么问题，都要再三用不同的方法证明，否则是不轻易提出来的。马克思自从和恩格斯交往后，他所有的著作和文章，没有一篇不经过恩格斯阅读就发表，没有一篇不征求恩格斯的意思就付印，马克思在各个领域的研究科目都要听恩格斯的意见后才作出结论。马克思曾对恩格斯说："我对一切事物的理解是迟缓的……我总是踏着你的脚印走。"但恩格斯认为"马克思是人类的天才，而我们最多只是能者"。他始终谦逊地自称是"第二小提琴手"，"我高兴有像马克思这样出色的第一小提琴手"。

## 47 │ 最亲密的战友

谁是马克思最亲密的战友？当然是恩格斯。为了让马克思顺利进行科研和从事革命活动，恩格斯做出了巨大的牺牲。

1850 年 11 月，恩格斯回到曼彻斯特，重新同自己一向厌恶的"鬼商业"打交道。从那时起，他 20 年如一日地过着两种不同的生活。从上午 10 时到下午 4 时他是商人，用几种文字为公司起草与国外来往的信件并出入交易所。为了接待商界的熟人，他在市中心区设有一处专用寓所；而城郊的那所小房子，只有他那些政治上和学术上的朋友才能登门。恩格斯的妻子是爱尔兰人，她是一位同燕妮一样热情的爱国者，当时在曼彻斯特住着许多爱尔兰人，她始终和她的同胞保持联系。她对恩格斯的一切秘密革命活动非常熟悉，不少爱尔兰芬尼亚社社员把恩格斯家当作避难所，有一个被押赴刑场的芬尼亚社社员的领导人就是在恩格斯夫人的帮助下才得以从警察手中溜走。只有到了傍晚，恩格斯才摆脱商业，回到自己的小房子里，成为自由人。

这两种生活，是他心甘情愿地给自己套上的枷锁，只为在经济上给予马克思一家尽可能多的援助。一开始他只能不定期给马克思寄去几英镑，后来他每月甚至每周定期汇款给马克思。若干年后，恩格斯成为

"欧门—恩格斯"公司的股东，不断把大笔款子寄往伦敦，使马克思在最困难的时候免于挨饿并在生活稍有改善时更加安稳地工作。

有一天，恩格斯去营业所时忍不住高兴地喊道："最后一次了！"

他挥舞着手杖唱着歌回到家里，同亲友们一起像过节一样庆祝自己最终摆脱了这种生活。因为恩格斯终于与公司达成协议，让他拿走一笔足以保障他自己和马克思全家今后基本生活开支的款子。

风华正茂的恩格斯能如此平静地忍受他不喜欢的商人生活达 20 年之久，这"不仅为了帮助朋友，而且为了保存党的最优秀的思想家"。马克思非常感激恩格斯长期的倾情相助，经常激动得流出泪来……

恩格斯白天坚持在营业所里安分工作，宁肯多受些苦，晚上把大部分时间用来帮助马克思。马克思当时还不能用英文熟练地写文章，他给《纽约每日论坛报》写的德文通讯稿全部由恩格斯译成英文。为了赶上邮船班次，及时把稿件寄到美国，恩格斯常常连夜翻译马克思的文稿，有时还要对文章进行修改，最后在深夜里把它亲手送到邮局寄出。

1852 年 10 月 14 日恩格斯在给马克思的信中说："要替你翻译全篇文章，我的身体不行。我是今天早晨收到文章的，整天在办事处，脑袋都忙晕了，今天晚上七八点喝完茶才把这篇东西读了一遍，然后动手翻译。现在是 11 点半，我译到文章自然分段的地方，并把译好的这一部分寄给你，12 点前文章必须送到邮局。……其余部分将很快译完，下星期你经南普顿把这部分寄出，或者在星期五寄出，同时你应该把你下一篇文章写完。"

后来马克思虽然能够用英文流畅地写通讯，但恩格斯为了让马克思有更多的时间专心致志研究经济学并早日结出丰硕的成果，他干脆代替马克思给《纽约每日论坛报》写了大量文字。他根本不顾自己在学术上取得更大成就的可能性，全心全意为马克思进行研究工作创造一切条件。马克思对恩格斯的这种高尚的自我牺牲精神深为感动和不安，他在信里对恩格斯说："我的良心经常像梦魇一样感到沉重。您的卓越才能因为我而浪费在经商上，荒废了这么多年。"

马克思和恩格斯虽然长期两地分离，但他们的心是息息相通的。频繁的通信是他们联系的纽带。在这20年间，他们来往书信达1300多封，信中探讨哲学、经济、历史、军事、政治等方面的各种问题。两人的风貌、气质和个性虽各具一格，可思想、感情和志向完全融为一体。他们在政治风浪中并肩战斗，在科学的炼炉里切磋互勉，在人生的坎坷道路上彼此激励。

马克思在不幸的时刻，恩格斯的友谊是他人生最大的慰藉。在痛失爱子之后，他写信给恩格斯："在这些日子里，我之所以能忍受这一切可怕的痛苦，是因为时刻想念着您，想念着您的友谊，时刻希望我们两人还要在世间共同做一些有意义的事情。"而恩格斯在他的夫人去世时也只有马克思能为他分忧，马克思写信给他："回答吧，老伙计，如果你心里有什么疙瘩，那就像个男子汉那样坦率地说出来。你要相信，世上没有一个人这样真心地关切你的快乐，除了你的摩尔。"

1870年9月，恩格斯终于迁到伦敦的瑞琴特公园路的寓所，从这里到马克思住的梅特公园路只要步行10分钟就够了。每天下午1时左右，他就到马克思家里去。如果天气晴朗，马克思兴致又很好的话，他们就一起到汉普斯泰特荒阜散步。如果由于某种原因不能外出散步，他们便在马克思的工作室里，各自沿着一条对角线走来走去，接连谈上一两个小时。

由于马克思的建议，恩格斯在迁居伦敦后，马上就被选进国际工人协会总委员会。他首先当比利时的通讯书记，后来又担任了西班牙、意大利、葡萄牙和丹麦的通讯书记。

他们的友谊日渐影响到他们全家，马克思的女儿成了恩格斯的孩子，小燕妮三姐妹都把"将军"当作第二父亲。连琳蘅这位马克思的朋友和管家，在马克思逝世后，也把对马克思一家的挚爱转移到了恩格斯家。1894 年，恩格斯将自己的遗嘱告诉劳拉和杜西，他把自己的遗产分为三份，劳拉和杜西各得一份，第三份留给已不在世的小燕妮的孩子们——"……你们可以按照你们对孩子的道义感和爱去安排使用"。

# 48 │ 巴黎公社

1870 年秋天，马克思连日来心里非常高兴，恩格斯搬来伦敦前不久，马克思起草的国际工人协会总委会关于普法战争的第二篇宣言于 9 月 9 日正式发表。

宣言揭穿了普鲁士政府的侵略意图，揭露了它为吞并别国领土而辩护的虚伪借口；明确地规定了德国工人阶级的国际主义任务，反对政府吞并法国领土的企图，争取同法国订立光荣和约，承认法兰西共和国；指出法国工人阶级当前的斗争任务，不是马上推翻临时政府，而是以积极的态度执行自己的公民职责，保卫共和国；法国工人阶级要吸取法国大革命以来人民受资产阶级欺骗的历史教训，正确处理民族矛盾和阶级矛盾的关系，"不是应该重复过去，而是应该建设将来"。

1870 年 10 月 31 日和 1871 年 1 月 22 日，巴黎工人两次举行起义。

1871 年 3 月 18 日清晨，巴黎终于被"公社万岁"的雷鸣般的口号惊醒了。巴黎城到处敲响警钟，武装的和非武装的工人向政府大厦推进。政府军队逮捕了他们的将军，并且与工人们联合起来。政府大厦被占领了，红旗——自由的旗帜飘扬在市政厅的上空。

1871 年 3 月 1 日，法国政府默许普鲁士军队进入巴黎。镇压人民的反抗活动，是导致巴黎公社起义爆发和无产阶级第一次夺取政权的导火线！

消息传到伦敦，群情振奋，马克思和国际总委会的委员们都十分高兴。马克思焦急地注视着巴黎城内的事件，他曾作为政治流亡者在这个城市生活过，而且他是在那里从一名革命的民主主义者转变为一名真正的共产主义者的。

巴黎公社成立后，对贫苦市民的困难，公社采取了紧急措施，他们分得了生活必需品。店铺照常营业，厂主逃亡了的工厂和作坊又迅速恢复了生产。贫民窟的穷人迁进了逃亡富人的住宅。公社实行义务教育和免费教育，建立了托儿所和幼儿园，女子同男子实行同工同酬。

但是公社领导得意忘形，最终没有认真考虑马克思的忠告。他们只局限在巴黎，没有向凡尔赛进军，未能在反革命努力利用时间积聚力量之前消灭他们。

普鲁士——德意志占领军的阻挡使巴黎同外省隔绝，革命军处于梯也尔军队严实的包围之中。俾斯麦释放了 10 万名战俘，用他们增长梯也尔军队的力量，去打击公社。

在拉雪兹公墓的最后保卫战中，公社战士们高呼"公社万岁"的口号，在枪林弹雨中一个个倒下……胜利的资产阶级向无产阶级进行了残酷的报复。刽子手加利菲枪杀了 2 万名手无寸铁的男人、妇女和儿童，巴黎公社社员英勇战斗了 72 天。人类第一个年轻的无产阶级政权被镇压，倒在血泊中。

反动派胜利了。普鲁士国王威廉一世在凡尔赛宫的镜厅举行德国国王加冕典礼，通过掠夺战争而成长起来的普鲁士军国主义国家把它的影响扩大到了全德意志境内。德国被"普鲁士"化了，并且变成了一个独一无二的兵营。的确，新的德意志民族国家对于以前不统一的德意志联邦来说是前进了一步，为资本主义迅速发展开辟了自由的道路，德国工人在资本主义竞争、兼并的大工业企业中从此也强大起来。马克思、恩格斯的学说在欧洲革命斗争最前线的德国工人中广泛传播。工人阶级虽然在组织上还不统一，目标上还不协调，但是他们中有两位马克思身边派来的可信赖的领袖倍倍尔和李卜克内西。

面对巴黎公社的胜利和失败，面对德国的新的希望，马克思深信公社原则是永存的，是永远消灭不了的。

1871年5月下旬，正当巴黎人民抗击凡尔赛政府军队的进攻进入高潮的时候，马克思就已经预感到公社将要失败，他在5月23日总委会上的发言就担心这个结局的到来。他却不为失败而沮丧，而是为无产阶级完全有能力打碎旧的国家机器的伟大成功尝试而欣慰。

根据马克思的提议，起义刚过10天，总委会同意由马克思起草一个面向全世界关于斗争总趋势的宣言。

马克思用一个半月时间赶写出初稿、二稿和最后定稿，取名为"法兰西内战"。

《法兰西内战》用大量事实揭露法国反动政府卖国投降和挑起内战的经过和实质；揭露资产阶级反动政府主要成员的丑恶面貌和肮脏历史，使人们认识到资产阶级反动政府采取对外投降对内镇压的政策绝不是偶然的。

马克思详细叙述了巴黎人民起义的经过和起义失败的主要经验教训。他指出，起义胜利后，巴黎人本应乘胜追击，扩大战果，不使敌人有喘息之机；但是领导这次起义的国民自卫军中央委员会没有这样做，因此埋下了隐患，使敌人有机会东山再起、卷土重来。

马克思在《法兰西内战》中发表了无产阶级专政的学说，他首先分析了法国资产阶级国家机器演变发展的历史，说明资产阶级国家实质上是少数剥削者压迫多数劳动者的工具。资产阶级国家的政权形式可以变来变去，多种多样，但万变不离其宗，不过是统治权从一个集团手里转到另一个集团手里。而在这个过程中，倒霉的是劳动人民，国家机器的每一次变动，结果只能是对人民的更加凶恶的奴役。因此，对于无产阶级和整个劳动人民来说，不能把奴役他们的国家机器当成解放他们的工具来使用。无产阶级要获得解放，"不能简单地掌握现成的国家机器，并运用它来达到自己的目的"，而必须摧毁它，打碎它。

马克思在 1871 年 5 月 30 日，即巴黎公社最后一个街垒被梯也尔军队攻占后的第三天，在总委会上宣读了这份气势磅礴的宣言，义愤填膺地声讨了梯也尔政府勾结俾斯麦残酷镇压巴黎公社的滔天罪行，满腔热情地颂扬了巴黎劳动人民在强敌面前视死如归、英勇不屈和自我牺牲的精神，并且深刻阐明了巴黎公社的伟大意义。宣言得到了与会者的一致赞同和批准，并被立即在伦敦用英文印成小册子发表。宣言发表后不到两年时间，便被全文或部分译成德文、丹麦文、法文、佛来米文、荷兰文、意大利文、波兰文、俄文、塞尔维亚克罗地亚文和西班牙文，发表在欧美许多国家的报纸杂志上，或以单行本形式出版。宣言成为马克思所有著作中在短时间内流传最快、出版数量最多的一部著作。国际总委会发表《法兰西内战》是巴黎公社失败后采取的第一个重大行动。正当各国资产阶级、反动报刊和欧洲各国政府利用公社的失败，对国际工人协会和公社参加者大肆进行诬蔑诽谤的时候，总委会公布宣言，宣布自己的严正立场，拥护公社的一切活动，伸张了正义，提高了国际威望，促进了公社参加者内部各派以及各国工人和公社参加者之间的革命团结。

巴黎公社失败后，梯也尔政府对公社参加者和巴黎的无辜平民进行了惨无人道的迫害和镇压，数以万计的人在白色恐怖下不得不暂时远离祖国，流亡他乡。

6 月 6 日，梯也尔政府把公社运动彻底镇压后，又趾高气扬地向欧洲各国发出通告，说国际工人协会是公社运动的策划者和后台，要求各国政府协同一致地同国际工人协会做斗争，直至把"国际"完全消灭。

这样，马克思和国际总委会同时面临着紧迫任务：揭露梯也尔政府的谎言和诬蔑，反对各国政府的迫害，积极援助公社失败后幸存的流亡者。

马克思及时组织了营救公社流亡者国际救济委员会，女儿小燕妮担任这个委员会的秘书。他们募捐钱物，想办法搞护照，美国等各地工联会也协同配合营救大批公社社员。

1871 年夏天，得以回到伦敦的勇敢的公社战士欧仁·鲍狄埃，随身带着一首在流亡期间偷偷写下的诗。这首诗描写巴黎革命虽然被镇压下去，但是革命的烈火仍熊熊燃烧着并成了国际工人运动的灯塔。一年以后，这首诗被译成了多种文字——成了在马克思、恩格斯指引下英勇斗争的国际无产阶级赞歌，成了向全世界被压迫者和被剥削者发出的激动人心的号召：

起来，饥寒交迫的奴隶！

起来，全世界受苦的人！

满腔的热血已经沸腾，

要为真理而斗争！

旧世界打个落花流水！

奴隶们起来，起来！

不要说我们一无所有，

我们要做天下的主人！

…………

这是最后的斗争，团结起来到明天，

英特纳雄耐尔就一定要实现！

这是最后的斗争，团结起来到明天，

英特纳雄耐尔就一定要实现！

…………

## 49 | 写字台上的"休息"

马克思经常整日整夜地工作，疲倦的时候他也有休息的方法。写作写得手发麻，坐得屁股胀痛时，他会在室内来回走动。从门到窗之间的地毯上被他踏出的一条痕迹，就像穿过草地的一条小路一样。每当在这条小路上萌发出灵感来，他又立即伏身写字台延伸着稿纸上的那条小路。两条小路交替延伸，既活动了四肢，又活跃了思路。

思考问题头脑发胀时，他还会拿出一本小说翻翻，或躺在沙发上读出声来，有时两三本小说同时进行，轮流阅读，或背诵海涅和歌德的诗歌，或说上一段莎士比亚的台词，或品味巴尔扎克的《人间喜剧》。对一种文字抄写得枯燥乏味时，他会停下来，歇一会儿，学习或抄写另一种语言和文字。他常说："外语是人生斗争的一种武器。"

50岁的时候，马克思才开始学习俄文，只半年的学习，他就能津津有味地阅读俄国的文学作品和官方的调查报告，他特别喜爱俄国文学家普希金、果戈理和谢德林的作品。马克思没有用较长的时间去专门学习外语，他就是在这种"休息"的时候掌握了欧洲一些国家的文字，最后能运用法文、英文进行写作。

除了以上这些写字台上的休息外，他还有一种独特的精神休息方法。在人生最痛苦的时候，尤其是在夫人燕妮病危的那些日子里，他无法继续照常从事科学研究工作，只有让自己沉浸在数学里才勉强得到一点安宁。就是在演算数学题、证明公式等的过程中，他竟然整理出了一篇微积分的专论，同时也在高等数学中找到最合逻辑形式和最简单的辩证运动。他还认为，一种科学只有能成功地运用数学，才算达到了真正完善的地步。

马克思每天深夜三点才睡觉，每天早晨八九点钟就起床了。只有在中午的时候，他才会在沙发上睡一两个钟头。天气不好，不能在傍晚外出散步时，他几乎是通宵达旦地坚持写作，也是在写字台上这么"休息"。紧张时，琳蘅呼唤几遍他才下楼到餐室用餐，又几乎不等咽下最后一口饭便又匆匆回到书房，回到他心爱的写字台上。

# 50 | 时代的英雄

　　长期的劳累严重损害了马克思的健康。这位54岁的"伦敦老人"开始衰老了，头发和鬓须明显花白，只有上唇的胡须还依然乌光发亮，显出其矍铄的精神来。过度使用脑力而引起的剧烈头痛和严重失眠，常使他不得不中断工作。在医生的劝导下，马克思曾到几个疗养地做过短期疗养，但效果不明显。为此，医生不得不限定他的工作时间，每天不得超过4小时。不能尽情工作，这对马克思来说是极大的痛苦。他的健康状况越来越差。

　　1873年年底，马克思脸部等处又长了许多痈，动了手术；不久，原先没有痊愈的肝病又急性发作，使马克思几乎完全丧失了工作能力。医生坚持要马克思到离伦敦较远的卡尔斯巴德去疗养，因为那里的矿泉水对马克思恢复肝功能和治疗过度疲劳的神经系统会有帮助。

　　马克思本不愿去卡尔斯巴德，一来是考虑路途遥远，花费太大，二是担心会受到奥地利政府的驱逐。但为了治好病，加上这时马克思的小女儿艾琳娜也患病，医生也劝她去卡尔斯巴德疗养，为了心爱的女儿，马克思决定携女儿一道前往。

　　卡尔斯巴德是一个景色幽美、气候宜人的疗养胜地。在它的城堡山街，有一座较豪华的旅馆"日耳曼尼亚旅馆"。1874年8月19日，在旅馆的疗养登记簿上，出现了一个"食利者查理·马克思"的名字。这是马克思为了迷惑奥地利警察而用的化名。

自从《共产党宣言》发表后，特别是经过了"国际"的十年斗争，马克思的名字已经响彻整个欧洲。在统治阶级的眼里，它简直"恶名昭著"，已成为危险可怕的代名词，必欲去之而后快。马克思深知这一点，为了能安安静静地养病，避免不必要的麻烦，他就用了"食利者查理"这个化名，并在生活上保持了"显贵"的外表。尽管如此，十多天后，马克思的行踪仍为反动派知晓。8月30日，维也纳的一家报纸《喷泉报》披露了马克思的真实身份，"'国际'的多年的领袖马克思和俄国虚无主义者的首领，即波兰拉特伯爵，一起到卡尔斯巴德疗养来了"。从此以后，马克思在卡尔斯巴德的行动就受到奥地利警探的监视。但马克思已经缴纳了疗养税，又没有其他把柄可抓，奥地利政府一时也对他无可奈何。

马克思按计划在卡尔斯巴德疗养了1个多月。他与爱琳娜严格遵守医生规定的生活制度，每天定时起床，定时到各自的饮水处去喝矿泉水，定时进餐、散步、就寝。生活有规律，玩得也愉快。马克思是一个很使人喜欢的旅伴，他总是那么风趣幽默，兴致勃勃，不管是美丽的风景还是一杯啤酒，他都能尽情地享受。他的历史知识非常渊博，每到一个新的游览地点，他都能把这个地方过去的情形描绘得比其他同路人见到的更生动。

经过疗养，马克思病情大为好转，肝功能逐渐恢复。一个月后，马克思结束了在卡尔斯巴德的疗养，返回伦敦。途中，他们又在德勒斯顿、莱比锡、柏林和汉堡停留了两个星期，做了些补充治疗，并且会见了德国社会民主党的一些领导人和活动家，商谈了一些党内事务和同拉萨尔主义作斗争的问题。

经过几十年艰苦卓绝的斗争，马克思虽然只能经历那个由巴黎公社开始的新时代的曙光，但他已经看到了他们和国际工人协会播下的种子已经发芽了，他的思想已经在越来越多的国家生根。这些思想已开始被群众所掌握并变成一种物质和精神的合力，世界上没有哪种政权能够忽视它。1871 年，倍倍尔和李卜克内西将马克思的画像同朱泽培·加里波第及维克多·雨果的肖像一起在莱比锡春季博览会上展出。李卜克内西写信给马克思："虽然你自己不争名，可是你毕竟逐渐地成了'时代的英雄'。"

1872 年，为了德国的需要，《资本论》必须出修订版了，计划印 3000 册。人们对《资本论》的兴趣在不断增长。1871 年 4 月，马克思收到李卜克内西的信："德国全国各地都在根据你的《资本论》做关于剩余价值和标准工作日的报告，在工作日问题上将进行一次群众运动。"诸如此类的消息，使马克思和燕妮深深感到，他没有白费力气，她也没有白过这些年贫穷的日子。工人们在为一个没有剥削、没有压迫的社会制度而斗争时，正学着把《资本论》当作进攻的武器。

朋友们一再催促马克思快点完成《资本论》的后面几卷。这虽然符合他本人的心愿，但是困难重重。校订工作是不能不做的，更糟糕的是，马克思病情日趋恶化。在 1872 年以后的几年里，他顶住疾病的侵扰，断断续续地撰写《资本论》第二、三卷的草稿，只要感觉有点好转就把精力用于《资本论》的研究上。

在晚年，马克思研究的科目之多和使用过的材料之浩瀚同样惊人。仅俄国统计学方面，他所阅读的书籍，恩格斯就能给他列出一大堆，列出的书单堆在一起的体积超过 2 立方米。马克思为写作《资本论》，研究了财政金融、农业史和农学方面的所有重要现象，此外他还研读了地质、生理和数学方面的许多书籍。

1878 年，马克思已是花甲之年，他的学习劲头仍不减当年。从这年起至逝世前，他专心系统地钻研数学，研究并摘录了拉克鲁瓦、麦克曾林、欧勒、波茨的论文，还在专门的笔记本上写了大量的札记。

他还仔细研究了古典数学家笛卡儿、牛顿、莱布尼茨等人的著作，继续探讨 19 世纪 60 年代就已开始的数学分析，阅读了数学分析和高等代数方面的许多大学教科书，研究并摘录了索里、布沙尔拉、欣德、霍尔、赫明等人的著作。

19 世纪 80 年代初，马克思在学习和研究的基础上写了《论导函数概念》《论微分》等论文。这时恩格斯正在写作《自然辩证法》，为此马克思把《论微分》献给了恩格斯，并在存放手稿的袋封上写着"给弗里德"。

恩格斯看了马克思写的论文和札记，发现他对数学方面也很精通，也有其"独到的发现"。

## 51 | 爱的颤抖

燕妮病了，病了很久，年轻时的丰润、漂亮只能依靠想象了。她的病一直没有得到确诊。1880 年以来，她常卧床不起，医生怀疑是肝癌。去卡尔斯巴德矿泉疗养地的道路也被反动政府切断了。1878 年以后，马克思身体也经常出现毛病，完成《资本论》第二、三卷成为这对老夫妻的医病"良药"。

马克思的头发已白过了发梢，连鬓发和下巴胡须上也找不出一根黑丝来，上唇的胡须也开始花白。虽然马克思更加"黑""白"分明了，但他精神上的刚毅、顽强丝毫没有变。那头上雪白的一朵云，又匆匆飘去了大英博物馆。

一天，天气昏暗，燕妮觉得身体特别不舒服。琳蘅坐在她的床头，给自己宠爱的外孙织小袜子，她一针一线、一心一意、无私地为这个圣洁的家庭编织着欢快，从不留意和后悔自己也已白发苍苍。这时，她正为燕妮的健康而异常焦虑不安。她替燕妮难过，更担心燕妮一旦有什么不测，这会给马克思带来绝望。

燕妮在一旁沉思，病痛让她的脸有些变形，但掩饰不住她温柔的微笑。

"知道我在想什么吗，尼姆？"

"想早日恢复健康呗。"琳蘅回答她。

为了掩饰内心的不安，燕妮又大声地咳嗽。

"不，琳蘅，咱们还有什么忌讳的呢？难道你是那种多愁善感的人吗？你是个非常坚强的人，但还要更加坚强。哪天我不在了，请你去扶助可怜的摩尔。他在许多日常琐事方面，不是简直像个大孩子吗？这对他来说是一场可怕的考验，我非常担心。有你和恩格斯，我就放心了。唉，不要这样大声地擤鼻涕啦。我们不谈后事了。你知道，琳蘅，我今天一直在回想摩尔以前赠给我的诗。他从来不是个好诗人，不过，他把多少真挚的情感倾注在诗句里啊！"

"他过去和现在爱你，将来也永远爱你。"琳蘅说，"我也是这样，我亲爱的燕妮。"

"好了，好了，别生气，卡尔还需要我、你和孩子们，还有其他人都需要我，我绝不想死。绝不。我要活下去，你相信我吧。"

这时，燕妮从枕下拿出抄诗的小本子。琳蘅把床头柜上的灯挪近一些，她俩就又像年轻时在威斯特华伦家读起19岁的青年马克思献给燕妮的十四行诗集。跟丈夫在一起的时候，她时常取笑这写得不怎么样的诗歌初作。

"粗糙的作品。演说术式的、软弱无力的论说。"马克思谈到自己的诗时，总是这样说。

"然而，这里面燃烧着多么强烈的爱啊。"燕妮又在心中暗自反驳他的看法。

燕妮！笑吧！你定会觉得惊奇：
为何我的诗篇只有一个标题，
全部都叫作"致燕妮"？

须知世界上唯有你，

才是我灵感的源泉，

希望之光，慰藉的神。

这光辉照彻了我的心灵，

透过名字就看见你本人。

燕妮这名字——个个字母都神奇！

它的每个音响都使听觉着了迷，

它的音乐，借助金弦三角琴，

委婉的音响，随处向我唱吟，

像玄妙的神话里的善神，

又宛如春宵月色荡波心。

　　燕妮靠在枕上，半闭着眼睛。她觉得那么虚弱，好像血管全都爆裂，生命如同血液一样从全身流出。爱人的十四行诗在记忆中涛声般地鸣响，她倾听着，微笑着……

　　1881年7月至8月，马克思左右不离地在妻子身旁照料，他不得不放下写作。为了让她快活些，马克思陪着她到法国看看大女儿和几个外孙。回到伦敦时，燕妮已筋疲力尽。

　　回伦敦不久，由于焦急和失眠，体力消耗过度，马克思也病了。去了女儿家，回来后又从德国传来好消息，燕妮特别愉快和高兴。读者要求出版《资本论》第三版。在英国的一个著名刊物上，前所未有地登载着一篇文章，颂扬马克思为卓越的科学家和社会主义思想家。10月底的一次令人兴奋的选举结果，再次证明，即使在反动政府"非常法"的压迫之下，德国工人运动仍然在不断地前进，工人们越来越理解马克思的学说了。

这天早晨，马克思突然觉得自己好多了，自行走到燕妮的房间里。抱病的老夫妻为喜讯拥抱，相互吻着对方都已枯槁的手指。爱琳娜在门外乐滋滋地看着父母："他们在一起成了年轻人，好似一对正在开始共同生活的热恋着的青年男女，而不像一对病魔缠身的老人。"

1881 年 12 月 2 日，这是燕妮弥留的最后一天。天气寒冷，夜里疾风暴雨。她直到最后一分钟，神志始终清醒。当她的言语已经十分困难时，为了让亲人们振作起来，她最后尽力地握住每一位亲人的手，用英语向心爱的人说出最后一句话："卡尔，我支持不住了。"

凝视丈夫的眼睛，突然惊异地睁大，又同很早很早的青年时代一样，晶光闪亮，炯炯有神，最后一次辉映出这位非凡的女性那伟大与深邃的心灵。眼睛中闪烁着唯一能减轻死亡痛苦的是无穷无尽的爱。

燕妮去世了。

马克思仿佛停止了感觉和思维。他的世界崩溃了。爱情的终曲发出了强烈的颤抖……

## 52 | 睁着眼睛 "睡" 了

燕妮的逝世对马克思的打击太大了。

医生极力设法使马克思摆脱这种完全衰竭的状态，但毫无功效。恩格斯所顾虑的也正是这种后果，他的悲痛无以复加，他以绝望的声音说："燕妮，你的摩尔也死了！"

这句话初听起来多么冷酷无情，它深深地刺痛了艾琳娜，只是到后来她才理解"将军"的洞察力何等敏锐。马克思内心的某种最富有生命力的部分，已同燕妮俱亡了。悲痛摧垮了巨人。他自己刚刚患过肺炎，尚未痊愈。所以，医生和亲人们一再要求他不要去墓地为已故的妻子送葬。

燕妮·马克思被安葬在海格特公墓，这是一个非教徒墓地。这正是她曾在汉普斯泰特荒阜的小山顶上同马克思常散步所看到的那座公墓。

恩格斯站在掘开的墓穴前发表告别讲话，由于心情激动而口吃得厉害，伤心的泪水夺眶而出，令人动容。

"朋友们。"他扫视了一眼到场的人们那哀痛欲绝、低头痛哭的身影，特别是那花白头发的俯在灵柩上大哭不止的琳蘅，恩格斯哽咽得说不下去了。

只有几位朋友和亲人伴送燕妮到此长眠之地。恩格斯在悼词里为这位崇高、顽强的女性树起一块纪念碑：

这位具有极其敏锐的批判智能，巨大的政治上的机警器，充沛的精力和热烈的性格，忠于自己的战友的女性，在差不多40年中为运动所做的事情是社会公众看不到的，现代报刊的年鉴里也没有记载下来。这一切只有亲身经历的人才感受得到。但是我深信：那些巴黎公社流亡者的妻子们还会时常回忆起她，而我们也将时常为再也听不到她那大胆而合理的意见（大胆而不吹嘘，合理而丝毫不损尊严的意见）感到若有所失。……如果有一位女性把使别人幸福视为自己的幸福，那么这位女性就是她！

燕妮离世两个月后，医生劝马克思外出疗养。1882年2月，马克思去法国的大女儿燕妮家度过了冬天。尽管女儿对他体贴入微，让他生活轻松愉快，但是深深的忧郁还总是常常让他茫然，他的全部思念都萦绕在他的燕妮身上。

几个月来，地中海、阿尔及尔的壮丽景色总算多少消解了他心中的忧郁。特别是阿尔及尔最好的医生斯特凡博士把他发炎的胸膜和左胸里的积水抽出来后，他的身体状况更有好转。

5月，马克思请一位阿尔及尔的理发师帮他把胡须和长发剪短，并且拍了张照片分别从马赛寄给了他的孩子们和恩格斯。马克思取笑自己改变了的仪容并且高兴地着了色，仿佛要让自己的形象在他的亲人身边重现似的。马克思又转到瑞士见女婿龙格里。那里山区的新鲜空气和硫矿温泉，对他养病起了很大作用。

9月，他欣然回到伦敦，先同恩格斯一块住了几个星期，继而又回到了梅特兰公园路自己的家里，回到了同燕妮生活过的地方。时间，如同纯净的水一般，从金砂中淘洗着自我，过去夫妻间微不足道的口角、不满或是委屈如今都是美好的回忆。马克思从这个房间走到那个房间，好像在寻找着什么。他在自己的书斋里站了好久，可怕的悲痛使他极其消瘦和苍老的脸抽搐起来。

"燕妮，燕妮……"

抽泣声惊醒了琳蘅和艾琳娜，几经劝慰，马克思才渐渐安静下来。身体一旦转好，他心里又燃起了一线希望，抓紧校阅《资本论》第一卷的第三版清样，完成第二卷的付印，并将《资本论》第二卷献给自己心爱的妻子。

然而，入冬后马克思身体又很难支撑了。加上大女儿燕妮生下第六个孩子"第三代燕妮"（为纪念母亲起的名）后，不久也病重垂危，这给马克思又是一个致命的打击。

转入新年，马克思的身体状况更为恶化，身体严重消瘦。

1883 年 1 月 10 日，马克思给恩格斯写了最后一段话："奇怪的是，现在每当神经受刺激，我的咽喉就被卡住，就像红色沃尔弗（已故的斐迪南·沃尔弗）卡住自己的兄弟——粮食投机商一样。"

1 月 11 日，马克思获悉女儿燕妮在巴黎逝世的消息，十分悲痛，心里一时很难接受，像瘫痪似的倒在安乐椅上。

琳蘅像母亲关心"大孩子"似的护理他，常常一连几小时坐在马克思身边。恩格斯也坚持每天来看望他。

伦敦的上空布满了初春的浓雾，棉絮一样的雾团极力穿过窗户钻进室内。

3 月 14 日这天下午，马克思坐在他的安乐椅上。

从来都不闲着的琳蘅坐在一个角落里，为马克思编织一副坐在办公桌上写作时戴的御寒的手套。

电铃突然拉响。琳蘅赶忙下楼为来访的客人开门，来的人正是恩格斯。

"尼姆，他怎么样？"恩格斯低声地问。

"他坐在安乐椅上。"琳蘅一边回答，一边急急忙忙地上楼，以防马克思单独待的时间过长。她很快又走下楼来对恩格斯小声说：

"您请进，他快睡着了。"

当恩格斯同琳蘅走进房间的时候，伟大的思想家卡尔·马克思已经安静地长眠了……

他永远停止了脉搏和呼吸，安静地、无痛苦地、永远地睡着了。他只是睁大着眼，看着桌前未定稿的《资本论》第二、三卷的草稿，盯着自己未竟的事业，等待自己亲密战友的到来……

恩格斯失去了亲密的战友卡尔·马克思，他用手轻轻地合上了战友的眼睛。

马克思安详地在安乐椅上睡着了。琳蘅和艾琳娜跪在马克思的面前失声痛哭，恩格斯也不住地顿足和抽泣……当看到马克思案前的《资本论》第二、三卷草稿，恩格斯又振作起来，用手抚摩了一下自己那光润而平整的还没有一根银丝的栗色头发。

马克思的葬仪很简单。1883 年 3 月 17 日，只有附近能赶来的几个朋友，只有孩子和琳蘅，为他送行。

遵照马克思的遗嘱，他的遗体与妻子同穴，生死与共。

# 53 | 一生中的两个发现

**恩格斯怀着十分沉痛的心情，在马克思墓前致悼词：**

3月14日下午两点三刻，当代最伟大的思想家停止思想了。让他一个人留在房里总共不过两分钟，当我们再进去的时候，便发现他在安乐椅上安静地睡着了——但已经是永远地睡着了。

这个人的逝世，对于欧美战斗着的无产阶级，对于历史科学，都是不可估量的损失。这位巨人逝世以后所形成的空白，在不久的将来就会使人感觉到。正像达尔文发现有机界的发展规律一样，马克思发现了人类历史的发展规律，即历来为繁茂芜杂的意识形态掩盖着的一个简单事实：人们首先必须吃、喝、住、穿，然后才能从事政治、科学、艺术、宗教等。所以，直接的物质的生活资料的生产，一个民族或一个时代的一定的经济发展阶段，便构成为基础。人们的国家制度、法的观点、艺术以至宗教观念，就是从这个基础上发展起来的，因而，也必须由这个基础来解释，而不是像过去那样做的相反。不仅如此，马克思还发现了现代资本主义生产方式和它所产生的资产阶级社会的特殊的运动规律。由于剩余价值的发现，这里就豁然开朗了，而先前无论资产阶级经济学家或者社会主义批评家所做的一切研究都只是在黑暗中摸索。

一生中能有这样两个发现，该是很够了。甚至只要能做出一个这样的发现，也已经是幸福的了。但马克思在他所研究的每一个领域（甚至在数学领域）都有独到的发现，这样的领域是很多的，而且其中任何一个领域他都不是肤浅地研究。

这位科学巨匠就是这样。但是在他身上远不是主要的。在马克思看来，科学是一种在历史上起推动作用的、革命的力量。任何一门理论科学中的每一个新发现，即使它的实际应用甚至还无法预见，都使马克思感到衷心喜悦，但是当有了立即会对工业、对一般历史发展产生革命影响的发现的时候，他的喜悦就完全不同了。例如，他曾密切地注意电学方面各种发现的发展情况，不久以前，他还注意了马赛尔·德普勒的发现。因为马克思首先是一个革命家。以某种方式参加推翻资本主义社会及其所建立的国家制度的事业，参加因为有他才第一次意识到本身地位和要求，意识到本身解放条件的现代无产阶级的解放事业——这实际就是他毕生的使命。斗争是他得心应手的事情。而他进行斗争的热烈、顽强和卓有成效，是很少见的。最早的《莱茵报》（1842年），巴黎的《前进报》（1844年），《德意志—布鲁塞尔报》（1847年），《新莱茵报》（1848—1849年），《纽约每日论坛报》（1852—1861年），以及许多富有战斗性的小册子，在巴黎、布鲁塞尔和伦敦各组织中的工作，最后是创立伟大的国际工人协会，作为这一切工作的完成——老实说，协会的这位创始人即使别的什么也没有做，也可以拿这一成果引以自豪。正因为这样，所以马克思是当代最遭嫉恨和最受诬蔑的人。各国政府——无论专制政府或共和政府——都驱逐他；资产者——无论保守派和极民主派——都纷纷争先恐后地诽谤他，诅骂他。他对这一切毫不在意，把它们当作蛛丝一样轻轻抹去，只是在万分必要时才给予答复。现在他逝世了，在整个欧洲和美洲，从西伯利亚矿井到加利福尼亚，千百万革命战友无不对他表示尊敬、爱戴和悼念，而我敢大胆地说：他可能有过许多敌人，但未必有一个私敌。他的英名和事业将永垂不朽！

马克思的朋友和学生李卜克内西以德国工人的名义向马克思告别，接着又宣读了俄国社会主义者的挽词：

"一位最伟大的智者永逝了，一位对无产阶级的剥削者反抗最坚决的战士与世长辞了。"

"在所有我认识的伟大、渺小或普通的人中，马克思是为数不多的摆脱了虚荣的人之一。他太伟大，太强大，太骄傲了，不需要虚荣。他从不装模作样，他永远是他自己。"

…………

新筑起的坟墓盖满了鲜花，红色绸带上写着伦敦工人、学生、报社、共产主义教育协会等字样……俄国彼得堡大学和高等女子学校的学生为此寄来一些钱。恩格斯根据他们的请求，也替他们献了花圈……

这位无国籍的世界公民——"伦敦老人"，一生悄然践行自己的诺言，永世向全世界无产者、向未来的人们和时代发出了召唤：

如果我们选择了最能为人类服务的职业，我们就不会被任何沉重负担所压倒，因为这是为全人类作出的牺牲；那时我们得到的将不是可怜的、有限的和自私自利的欢乐，我们的幸福将属于亿万人。我们的事业虽然并不显赫一时，但将永远发挥作用。当我们离开人世之后，高尚的人们将在我们的骨灰上洒下热泪。

# 主要参考书目

1.[德]海因里希·格姆科夫，等.马克思传[M].易廷镇，侯焕良，译.北京：生活·读书·新知三联书店，1978.

2.［德］弗·梅林.马克思传[M].樊集，译.北京：人民出版社，1965.

3.顾锦屏，周亮勋，吴惕安，杨启潾.马克思的伟大一生[M].北京：北京出版社，1983.

4.江峰.青年马克思评传[M].长沙：湖南出版社，1991.

5.[德]西格里斯特.为人类工作——马克思生活记述[M].罗章龙，译.北京：中国社会科学出版社，1981.

6.[法]龙格.我的外曾祖父卡尔·马克思[M].李渚青，译.北京：新华出版社，1982.

7.萧三.伟大的导师马克思[M].北京：中国青年出版社，1949.

8.中共中央马克思、恩格斯、列宁、斯大林著作编译局.摩尔和将军[M].北京：人民出版社，1982.

9.中共中央马克思、恩格斯、列宁、斯大林著作编译局.人间的普罗米修斯[M].北京：人民出版社，1983.

10.［法］保尔·拉法格，等.回忆马克思恩格斯［M］.马集，译.北京：人民出版社，1973.

11.［苏］瓦·奇金.马克思的自白［M］.蔡兴文，译.北京：中国青年出版社，1982.

12.李敏生，蔺月峰.青春的使命 青年马克思的道路［M］.长春：吉林人民出版社，1983.

13.马澜，越位.马克思女儿家书［M］.长沙：湖南人民出版社，1985.